荣道田◎著

# 教海探航

## 特殊儿童随班就读

## 理论与实践研究

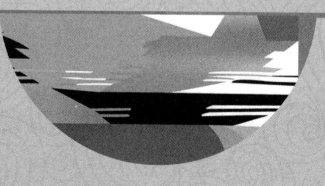

吉林人民出版社

**图书在版编目 (CIP) 数据**

教海探航 : 特殊儿童随班就读理论与实践研究 / 荣
道田著 . —— 长春 : 吉林人民出版社 , 2022.6
ISBN 978-7-206-19182-4

Ⅰ . ①教… Ⅱ . ①荣… Ⅲ . ①儿童教育 – 特殊教育 –
研究 Ⅳ . ① G760

中国版本图书馆 CIP 数据核字 (2022) 第 118660 号

**教海探航：特殊儿童随班就读理论与实践研究**
JIAOHAI TANHANG : TESHU ERTONG SUIBAN JIUDU LILUN YU SHIJIAN YANJIU

著　　者：荣道田
责任编辑：赵梁爽　　　　　　　封面设计：李　君
吉林人民出版社出版 发行（长春市人民大街 7548 号）　邮政编码：130022
印　　刷：石家庄汇展印刷有限公司
开　　本：710mm × 1000mm　　1/16
印　　张：11.5　　　　　　　　字　　数：188 千字
标准书号：ISBN 978-7-206-19182-4
版　　次：2022 年 6 月第 1 版　　印　　次：2022 年 6 月第 1 次印刷
定　　价：68.00 元

如发现印装质量问题，影响阅读，请与印刷厂联系调换。

# 前　言
## preface

　　特殊教育是社会主义教育事业的重要组成部分。随着我国教育事业的发展和社会文明的进步，特别是"以人为本"理念的普及和深入人心，残疾儿童受教育权的问题越来越受到重视。我国吸收和借鉴国际先进的经验，同时结合我国实际国情，采取多种形式，即"以特殊教育学校为骨干，以特殊教育班和随班就读为主体"发展特殊教育，因此随班就读已经成为我国特殊儿童接受教育的一种主要形式。

　　为了有效改善随班就读的整体状况，保障特殊儿童平等受教育的权利，满足特殊儿童接受高质量教育的需求，本书主要对特殊儿童随班就读进行了研究。在对随班就读研究背景和相关理论以及国内外特殊儿童随班就读状况进行详细了解的基础上，深入分析了特殊儿童随班就读存在的主要问题及其对策，最后提出特殊儿童随班就读的发展及对其的思考。

　　本书内容主要由特殊儿童概述、特殊儿童随班就读基础理论、特殊儿童教育专项训练、特殊儿童个别化教育设计、随班就读的班级和学校管理、随班就读的教师队伍建设、随班就读支持保障体系的建设、随班就读家校合作方面组成。全书主要以特殊儿童为研究对象，并且对特殊教育以及特殊儿童随班就读相关理论进行简要阐述，之后针对其特点、内容、教学、体系、师资等方面做了全面的分析与研究。

　　本书在撰写过程中将文、表有机地结合起来，使得内容更加简明易懂。但鉴于作者水平和经验的限制，书中出现错误或不当观点在所难免，恳请同行专家和学者予以批评指正，方便今后进一步修改和完善。

作者

2022 年 3 月

# 目　录

## contents

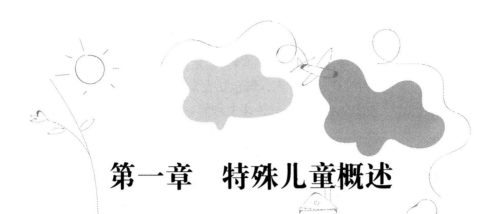

# 第一章　特殊儿童概述

## 第一节　特殊儿童内涵

### 一、特殊儿童的概念

我们在观察一群儿童时，不难发现，即使年龄相同，个体之间的差异也是十分明显的，比如，有的健壮，有的瘦弱；有的动作灵巧，有的动作笨拙；有的聪明伶俐，有的反应迟钝；有些善于交际，而有些很不合群。那么，什么样的特征或表现属于常态，什么样的特征或表现属于非常态呢？哪些儿童属于普通儿童，哪些儿童属于特殊儿童？要回答这些问题，就涉及特殊儿童的界定问题。

美国特殊教育专家柯克和加拉赫认为，特殊儿童通常既包括残疾儿童，又包括天才儿童，是指在以下几方面偏离常态的儿童：智力特征；感觉能力；神经运动或身体特征；社会行为；交际能力；多种缺陷。这个定义强调特殊儿童在生理、心理和行为方面具有偏离常态的特征。中国台湾特殊教育专家郭为藩等人（1975年）指出，特殊儿童与青少年乃是在教育情境中较为特殊（个别差异特别显著），可能有特别的学习困难（尤其在普通班级中）并需要特殊教育方案的学生。他们主张应该从教育的角度来界定特殊儿童，并认为生理缺陷不能构成特殊儿童的充分条件。

英国在沃诺克报告中首次提出"特殊教育需要儿童"（Child With Special Needs，简称 SEN），我们也称为特殊儿童，从广义上理解，是指

与普通儿童在各个方面有显著差异的各类儿童，这些差异可表现在智力、感官、肢体、行为或言语等方面，既包括在发展上低于正常的儿童，也包括高于正常发展的儿童等；从狭义上理解，特殊儿童专指残疾儿童，即身心发展上有缺陷的儿童，又称"缺陷儿童""障碍儿童"，包括智力障碍、听觉障碍、视觉障碍、肢体障碍、言语障碍、情绪和行为障碍、多重障碍等类型的儿童。特殊儿童在发现障碍后应进行教育和训练，使其达到最佳的康复水平，减少障碍的不良后果，从而得到全面发展，能够适应社会，成为社会平等的成员。

中国特殊教育专家朴永馨提出，对特殊儿童可以有两种理解：一种是广义的，即把正常发展的普通儿童之外的各类儿童都包括在内；另一种是狭义的，专指生理或心理发展上有缺陷的残疾儿童。[①]

上述这几个定义对我们有很好的启发作用。本书将采用广义的概念，即把特殊儿童定义为一群在生理和心理发展的某一方面或多个方面明显地偏离普通儿童的发展水平，有特别的学习或适应困难，只有接受了特殊教育才能充分发展的儿童。

一方面，特殊儿童表现为在生理和心理发展的一个或多个方面与普通儿童有明显的差异。例如，有些特殊儿童可能表现为智力发展落后，有些表现为智力优异，有些有视觉或听觉障碍，有些有情绪行为障碍，而有些有语言或肢体的缺陷。不过，有明显差异不等于就是特殊儿童。例如，有些儿童个子矮小，有些长得肥胖，光看这些特征，还不能确定他们是特殊儿童，只有当这些特征严重地影响了他们的学习或生活时，他们才属于特殊儿童。

另一方面，为了获得最大限度的发展，特殊儿童需要特别设计的课程、教材、教法、组织形式或设备。例如，盲童需要借助盲文来学习文化知识；聋人要用手语来与教师和同学们交流思想；智力障碍、脑瘫、孤独症儿童需要增加康复训练课程，以提高其生活自理能力。如果把握了特殊儿童定义中的这两层意思，那么就比较容易判断哪些是普通儿童，哪些是特殊儿童了。

---

① 朴永馨.特殊教育辞典（第二版）[M].北京：华夏出版社，2006：1.

## 二、特殊儿童与普通儿童的共性和差异

特殊儿童与普通儿童之间既有共性又存在差异，而且共性远远大于差异，这是目前国内外大多数特殊教育专家和学者已经达成的共识。

### （一）共性

特殊儿童与普通儿童有哪些共性呢？陈政见认为，特殊儿童与普通儿童的共性主要体现在五个方面：①发展历程模式相似；②生理组织结构相似；③心理需求要素相似；④人格结构发展相似；⑤社会适应内容相似。可见，特殊儿童具有很多人类所共有的属性。特殊儿童无论在生理上还是在心理上，都和普通儿童存在很大的相似性。

特殊儿童是正在生长、发育的儿童，随着年龄的增长，其身高，体重，身体的形态、结构、机能等都在自然地生长和变化着，他们同样要经历乳儿期、婴儿期、幼儿期、儿童期、少年期、青年期等重要的发育阶段。在青春期，特殊儿童的身体也会发生明显的变化，比如，女孩的乳房开始发育，月经来潮，身体变得丰满；男孩的喉结开始增大，声调变粗，胡须逐渐长出。到性成熟时，两性之间会出现明显不同的性别特征。

在心理方面，特殊儿童的心理发展同样遵循儿童心理发展的基本规律。

首先，遗传为特殊儿童的心理发展提供了可能性，而环境和教育则规定其心理发展的现实性。

遗传是特殊儿童心理发展的基础。遗传给特殊儿童带来了与生俱来的解剖生理的特征，特别是中枢神经系统的特征，决定了特殊儿童心理发展的可能性。

不过，不是所有的特殊儿童心理发展都是由遗传决定的，因此不应夸大遗传对特殊儿童心理发展的作用。如果家长和教师因某个孩子心理或生理上与普遍儿童有很大差异而低估了他的发展潜力，没有给他提供适当的教育，那么这个儿童的心理发展就会受到很大的限制。天才儿童的遗传素质非常优异，如果家长和教师不提供有助于他们发展的环境和

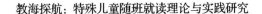

教育方式，其就不能得到充分发展。

其次，教育在特殊儿童的心理发展上起主导作用。

教育对儿童施加的是一种有目的、有计划、有系统的影响。无论在普通教育中还是在特殊教育中，教育者都要根据一定的教育目的来组织教育内容，并且采取适当的教育方法，对儿童心理发展施加系统的影响。这种影响目标明确，方向性强，产生的效果无疑比环境中其他无目的的影响要大得多。目前，我国的盲人、聋人、培智学校正在实施课程改革，目的就是要进一步明确新时期特殊学校的教育目标和任务，探讨各种切实有效的教学方法，从而更好地发挥教育在特殊儿童的心理发展上的主导作用。

再次，环境和教育的作用虽然巨大，但这只是儿童心理发展的外因，而外因必须通过内因才能起作用。

特殊儿童心理发展的内因是什么呢？根据我国著名儿童心理学家朱智贤的观点，在儿童不断积极活动的过程中，社会和教育向儿童提出的要求所引起的新的需要和儿童已有的心理水平或心理状态之间的矛盾，就是儿童心理发展的内因。这个内因是儿童心理不断向前发展的动力。[①]

在社会和教育的要求下，特殊儿童也会产生需要。特殊儿童的需要有物质方面的，如对食物、水、漂亮衣服等的需求；也有精神方面的，如学习某种知识或技能，完成一件手工作品，将来找到一份工作，等等。特殊儿童的新的需要与他们已有的心理水平或心理状态之间的矛盾，是特殊儿童心理发展的内因。

特殊儿童的新的需要和他们已有的心理水平或状态是矛盾的双方。这两方面既是互相对立、互相否定的，又是相互统一、相互依存的。说它们相互依存、相互统一，是因为特殊儿童的需要总是在一定的心理水平上产生的。

新的需要和已有的心理水平又是互相对立、互相否定的。新的需要总是比较超前的，与已有的心理水平之间有一段距离。新的需要总是否定已有的心理水平。例如，在儿童学会了一些简单的词时，父母及周围的人就会向他提出用句子交际的要求，如果这种要求被儿童接受，那么儿童就会产生学习用句子表达想法的需要。当儿童掌握了一定数量的口

---

① 朱智贤.儿童心理学（第4版）[M].北京：人民教育出版社，2003：10.

语后，成人又会向他提出学习书面语言的要求，并使他产生学习语言文字的愿望。这些愿望会推动他进一步学习，提高其已有的心理水平。

新的心理发展水平一旦形成，就意味着原来的需要被否定。需要满足了就不再成为需要，或不再成为主导的需要，在新的心理发展水平上就会产生更新的需要。新的需要和已有的心理水平又会处于矛盾的状态，而这种矛盾由对立到统一，再在新的心理水平上形成对立和统一，从而推动特殊儿童心理不断地发展。

因此，对特殊儿童的教育和训练一定要从儿童的实际出发，否则难以取得良好的效果。

最后，特殊儿童的心理发展基本上也是遵照由低到高、由简单到复杂的顺序发展的。例如，盲童、聋童、天才儿童等的思维发展首先要经历感知运动阶段，然后是前运算阶段和具体运算阶段，最后才达到形式运算阶段。

## （二）差异

特殊儿童与普通儿童之间的差异是客观存在的，其主要表现在以下三个方面。

第一，大部分特殊儿童有生理和心理上的缺陷，而这些缺陷妨碍了他们以正常的方式或速度学习和发展。例如，盲童的视觉器官有缺陷，他们不得不靠耳朵、手指等感官来感知外界事物。由于失去了一条非常重要的接收外界信息感官通道，盲童对一些事物的认识往往是不够全面的。聋童的听觉器官有缺陷，这对他们的语言学习会产生不利的影响。聋童语言发展的局限性又会妨碍其抽象思维的发展。肢体残疾儿童在动作技能的发展上会受到很大的限制，有些甚至在生活自理方面都存在困难。智障儿童的智力有缺陷，因此他们学习某些知识和技能的时间比普通儿童晚、起点低、速度慢，所能达到的水平也极其有限。

第二，特殊儿童的个体间差异和个体内差异都明显大于普通儿童。个体间差异既包括不同类型的特殊儿童之间的差异，又包括同种类型的特殊儿童之间的差异。无论属于哪一种，特殊儿童个体之间的差异都是非常大的。例如，天才儿童与智障儿童分别代表了智力水平较高和智力水平较低的两类儿童，这两类儿童之间有着巨大的差异。又如，盲童接

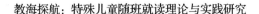

收外界信息的方式明显不同于聋童及其他儿童。即使同属于一类儿童，如智力障碍，因造成心理发展异常的原因不同，每个个体的特征也是十分不同的。由于特殊儿童之间存在着巨大的差异，在实施教育之前应该对他们进行鉴别和分类。

个体内差异通常是指个体内部不同能力之间的差异。特殊儿童个体内部各种能力的发展是不平衡的，个体内差异特别大。例如，有些孤独症儿童的记忆力非常好，而语言理解力、人际交往能力特别差。又如，有些聋童虽然听不见声音，但眼手协调能力非常好。因此，在制订教学计划之前，要对特殊儿童的能力结构进行评估，以便根据其特点安排教学活动。

第三，特殊儿童难以适应普通学校中的常规教学内容、教学手段或教学组织方式，需要接受特殊教育。普通学校的教学内容对于智力发展优异的天才儿童而言可能过于容易，而对于智力低下的智障儿童而言则可能太难。普通学校的教学通常以教师的口头讲授为主，以直观的演示为辅。对于大多数聋童来说，这种教学方式是难以适应的，而盲童则可能因无法阅读普通的课本而跟不上教学的进度。

目前，普通学校基本上都采取大班级授课制。这种教学组织方式虽然在教育资源有限的情况下能为社会多培养一些人才，但是它不能使全体儿童都得到充分的发展。在这种班级里，特殊儿童可能因教学进度太慢或者太快而对学习失去兴趣，并且表现出各种各样的学习或适应方面的问题，因此只有根据特殊儿童独特的教育需要设计出适宜的课程和教材，采取个别化的教学方式，才能让特殊儿童获得最大限度的发展。

# 第二节　特殊儿童分类及出现率

## 一、特殊儿童的分类

特殊儿童产生的原因是极其复杂的，其外在表现也千差万别。为了便于医疗、看护或教育，早在 18 世纪，人们就已经开始对特殊儿童进行分类，并根据其特点对其进行安置。不过，早期的分类十分粗略。缺陷严重、生活不能自理的儿童，一般被送到医院或救济院里；缺陷比较轻

的儿童，可能被安置在学校里。

分类虽有助于实际工作，但分类也会带来一些负面效应。例如，一名儿童一旦被确定为智力障碍，就等于被贴上了一个"智力障碍"的标签。这个标签会和这名儿童变得密不可分，让很多人忽略他首先是个儿童。实际上，他有许多和普通儿童一样的品质和特征，智力障碍只是其所具有的某种特殊性。

20世纪中叶以后，特殊教育界的专家、学者对特殊儿童要不要分类、如何进行分类等问题展开了激烈的讨论。特殊儿童的划分，一直是一个有争议的话题。过去，人们往往将特殊儿童的身份与各类名称相连，如"他是唐氏综合征儿童""他是自闭症儿童"。当前，我们反对用这种标签来称呼特殊儿童。我们更加强调的是儿童的问题，而不是儿童本身，如我们会说"他是一位学习障碍儿童"，只是对事而不对人，强调儿童的问题所在，而不说"这孩子有学习障碍"，强调儿童是障碍者。这种表述方式的改变正是聚焦于所有的儿童都是儿童，而我们的教育实践也应该反映出这样的一个理念。因此，"残疾"这一术语被"有特殊需要"的儿童取代，并且特殊儿童与普通儿童的差异仅仅是"他们需要适合他们发展的环境来降低障碍带给他们的影响，以促进他们各项技能的学习"。

基于这一理念，将特殊儿童分为发展障碍儿童、学习与行为障碍儿童、感官障碍儿童、肢体障碍和健康问题的特殊儿童、天赋优异儿童。[①]本书中的特殊儿童包括智力障碍儿童、超常儿童、学习障碍儿童、注意力缺陷多动障碍儿童、情绪与行为障碍儿童、语言发展障碍儿童、自闭症谱系障碍儿童、听觉障碍儿童、视觉障碍儿童、肢体障碍儿童、病弱儿童等（见图1-1）。

---

① 艾伦，施瓦兹.特殊儿童的早期融合教育[M].上海：华东师范大学出版社，2005：98.

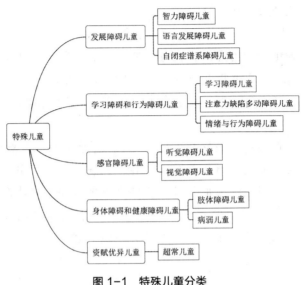

图 1-1　特殊儿童分类

## 二、特殊儿童的出现率

出现率是指某类特殊性的个体在群体中所占的百分比或数量。比如说，智力障碍的出现率为 2.3%，也就是群体中有 2.3% 或者每千人中有 23 人被推断为患有智力障碍。[①] 确定特殊儿童数量的任务看似简单，但实际上大多数特殊性的出现率都是不确定的，存在很大争议。定义的模糊性、频繁更改等，都使我们很难精确说出到底有多少个特殊个体。

我国第二次残疾人抽样调查数据显示，在全国 31 个省、自治区、直辖市（未包括香港、澳门和台湾），2006 年 4 月 1 日零时的残疾人口数占本省（区、市）总人口的比例分布为 5.29% ～ 7.57%。美国政府的统计数据显示，在 21 世纪初期，每 100 名学生中就有 10 名正在接受特殊教育。但是，特殊儿童的比例在最近几十年发生了相当大的变化。比如，从 20 世纪 70 年代中期到现在，学习障碍儿童的比例有了大幅度增长，占据了特殊儿童的半数；相反，感官障碍、智力障碍儿童的数量则有所下降。当然，这与对某些特定障碍的定义和诊断标准的变化有关，也与科学技术的进步有很大的关系。

---

① 哈拉汉，考夫曼，普伦. 特殊教育导论（第十一版）[M]. 肖非，译. 北京：中国人民大学出版社，2010：8.

如今，对于出现频率相对较高的障碍，称为高发生率障碍，如学习障碍、沟通障碍（言语和语言障碍）、情绪和行为障碍、轻度智力障碍；其他障碍，如视觉障碍、听觉障碍、聋盲以及重度智力障碍，相对较少出现，被认为是低发生率障碍。

# 第三节 特殊儿童特征与需求

## 一、特殊儿童的特征分析

儿童的健康成长一直是家庭、社会乃至国家都十分关切和重视的问题，而特殊儿童在生理和心理发展上明显不同于普通儿童，理应受到更多的关爱和照顾。

### （一）特殊儿童的心理特征

1. 自卑

由于自身存在的缺陷，特殊儿童无法像正常儿童一样生活、玩耍，不能正常地参与日常生活，因此特殊儿童普遍存在自卑心理。对于特殊儿童来说，自卑是一种复杂的心理，既有对自身不足的悲观，又有对其他儿童乃至成人健康体魄的羡慕，还有对消除自身缺陷的渴望。在自卑心理的影响下，特殊儿童会过度地贬低自己，甚至会出现厌恶自己的心理，最终出现自暴自弃的极端现象。

2. 多疑、猜忌

特殊儿童受自尊心的驱使，会本能地隐藏自己的缺陷，同时也不希望自身的缺陷被人在身后议论。例如，当特殊儿童看到有人在耳语或者笑时，他们第一时间就会认为是不是在议论自己，是不是在嘲笑自己。这样的心理状态会逐渐使特殊儿童走向两个极端：越来越自卑或者越来越暴躁；从另一角度来说，猜忌也是一种不自信的表现，是自卑心理的延伸。

3. 情绪波动性大

我们每个人在生活中都会有喜、怒、哀、乐等情绪变化，然而特殊儿童很难调节好自己的情绪，甚至会情绪失控。这种情绪的波动多来源于特殊儿童自身的压力，如无法正常生活，无法和正常儿童一起交流、

玩耍等，都会给孩子带来不同程度的压力。在这些压力下，特殊儿童的心理失去了平衡，从而导致其很难自如地控制自己的情绪，进而引起情绪的大幅波动。

4.孤独

孤独感是一种封闭的心理的直观反映。对于特殊儿童来说，这种孤独感来自自身的排斥：特殊儿童由于自身的缺陷而主动排斥与外界的接触，他们不希望有更多的人看到他们的缺陷。长时间的自我封闭对特殊儿童的健康成长有百害而无一利，势必会导致个体与社会的脱离以及个人人格的失常。

### （二）特殊儿童的行为特征

行为是个体为对内部或外部变化所做出的反应。一方面，由于每个个体心理因素、价值观不同，个体的行为特征也不相同；另一方面，个体所在群体的环境、需求、文化背景相似或相同等导致群体内个体又有着相似的行为特征。特殊儿童在成长过程中的行为特征，既有着与普通儿童的相似之处，也有自身的不同之处。

根据儿童发展学心理学定义，包括特殊儿童在内的所有儿童在成长过程中都会经历如下几个阶段：婴儿期（0～3周岁）、幼儿期（3～6周岁）、童年期（7～12周岁）、少年期（13～18周岁）。不同年龄阶段的儿童由于自身的成长需求，会表现出相似的行为特征及需求，具体如表1-1所示。

表1-1 不同年龄段儿童心理行为特征及社交需求

| 年龄段 | 心理行为特征 | 社交需求 |
| --- | --- | --- |
| 0～3岁 | 初步获得对世界的体验，在独自玩耍中进行触觉、视觉和听觉上的尝试 | 注意力不集中，自控力差，喜欢独自玩耍，主要社交对象为父母 |
| 3～6岁 | 具有一定的语言和思维能力，喜欢模仿及集体性游戏活动 | 开始形成结伴的社会性意识，主动与其他儿童结伴玩耍并建立友谊 |
| 6～8岁 | 身体机能增强，在好奇心的驱使下，开始探索世界，喜欢移动、攀爬等 | 游戏、社交中更倾向于体能的展现，喜欢增强身体素质的游戏 |
| 8～10岁 | 接近青春期，有一定的自我独立意识，懂得制订规则并实施，表现欲逐渐增强 | 喜欢群聚但不喜欢成人监督，有一定的隐私感 |

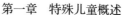

（续　表）

| 年龄段 | 心理行为特征 | 社交需求 |
| --- | --- | --- |
| 10～14岁 | 具有青春期的部分特征，形成了是非价值判断，有思想，有主见，渴望得到认可与理解。 | 社交关心公平与互惠，在意同辈间的"规则"和评价。 |
| 14～18岁 | 步入青春期，自主意识强烈，有高考压力，容易叛逆 | 互相帮助解决问题，愿意分享自己私密的想法和感受。懂得关爱对方，高度重视与朋友的情感亲密关系。 |

由表1-1可以看出，游戏、娱乐、社交是儿童成长过程中最明显的行为特征，而这一行为的产生是儿童成长需求的直接反映。

特殊儿童作为特殊的儿童群体，其行为特征受不同的心理因素的影响，会呈现出一定的差异性。

## 二、特殊儿童的需求分析

现实生活中，特殊儿童遭受来自内心和外在世界的双重压力。目前就特殊儿童的需求来说，以精神上的需求占主导，所以特殊儿童应通过内在或外在的方式来调整心理状态，只有拥有了健康的心理，才能拥有健康的生活。具体来说，内在的需求主要是指特殊儿童需要有自我认同感，这样可以有效地缓解其自卑的心理；外在需求则主要以社交为主，对于特殊儿童来说，掺杂着游戏、娱乐的社交方式更有利于他们融入社会。

### （一）自我认同的构建

自我认同是个体通过参照对象或者个体经验所进行的自我反思、自我理解后的产物。安尼尔·吉登斯认为："自我认同并不是个体所拥有的特质，或一种特质的组合。它是个人依据其个人经历所形成的，作为反思性理解的自我。"同样，对于特殊儿童来说，自身的缺陷是他们内心无法逾越的鸿沟，无论做什么事情、在什么环境之中，内心总是无法逃出自己为自己画的牢笼，他们始终不愿接受这样的一个自己，从而变得自卑、孤僻。自我认同感的建立能够使特殊儿童理智地看待世界并接受自

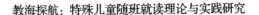

己的缺陷，使他们不再沉浸在自责、悲叹、抱怨中，而是勇敢地从自卑的阴影中走出来，接受自己，接受他人，接受世界，去勇敢地面对生活。自我认同感的建立过程是特殊儿童自我追寻的过程，在这个过程中，他会充分认识到，我是谁，我是怎样的人，我想要什么，我应该怎样做等问题的答案。自我认同感的建立促进了特殊儿童心理的健康成长，也是特殊儿童长大后实现自我的重要基础。

### （二）娱乐媒介下社会交往的重塑

儿童的认知能力是有限的，儿童获取知识的过程是主体作用于客体的过程，即对客体施加动作的过程。[①] 心理学研究表明，儿童是通过对外界的各种感受、感应及领悟开始自我体验和成长的，他们需要与自然环境密切接触，需要在游戏和玩耍的过程中学习宽容、忍让、合作等优良品质，从而树立正确的世界观、人生观和价值观。[②] 学会如何与他人和平相处，保持健康、良好的社交环境，是每一名儿童成长路上的必修课。例如，肢体残疾儿童作为一个特殊的儿童群体，其生理原因会使其在认知、情感上产生偏差，多容易形成孤僻、自卑的性格。心理学家认为，有效的社交、户外、娱乐活动可以较好地改变特殊儿童自卑、孤僻的性格特征，使其在情感认知、社会交往、道德规范上有一定改善，从而可以像正常儿童一样健康成长。因此，社交需求对于特殊儿童今后的成长尤为重要，因为儿童的社会品质、情感认知、交往行为、人际关系与道德规范等都是在社会性的交往过程中得以形成和发展的。让·皮亚杰认为，产生于同伴关系中的合作和感情共鸣可以使儿童获得关于社会的更广阔的认知视野。儿童在与同伴交往中表现出的冲突，将推动其社会观点选择能力的发展并促进其社会交流所需技能的获得。由此看来，儿童同伴间的交往是特殊儿童转换交往对象及环境，逐步向社会化转变的关键。同伴间形成的小型社会团体满足了特殊儿童的归属感需求，并进一步完善了其社会属性，促进了特殊儿童心理的健康发展。

① 陈杰.五年制高职财经类专业数学教学现状及其对策研究 [D].苏州：苏州大学，2012：15.

② 吴小艳.高职数学微积分教学中渗透数学文化的理论与实践研究 [D].苏州：苏州大学，2010：20.

　　然而，特殊儿童与正常儿童间存在一定的沟通障碍。特殊儿童的自卑心理、不爱与人交流的内向性格，使得特殊儿童总是活在自己狭小的世界里，不能勇敢地迈出第一步。例如，残疾儿童由于自身生理限制和经历的特殊性，表现出与其他儿童不同的特点，如易产生不友好的态度，易产生焦虑、紧张的情绪，自卑感强烈，等等。这些特点导致残疾儿童缺乏一般的人际交往能力。娱乐游戏作为儿童成长中一项必不可少的活动，是一种有效的媒介手段，可以用来拉近特殊儿童与正常儿童之间的距离。在娱乐游戏中，孩子们有着共同的目标，并为达成目标而相互协作，既获得了对物理世界的认识，还有了与社会交往的机会。特殊儿童无论是在心理还是在行为特征上，都会受到主观因素和客观因素的影响，而娱乐、社交活动可以使特殊儿童消除恐惧、紧张的心理，帮助特殊儿童养成良好的社交习惯，形成健康的人格品格，使特殊儿童真正走出自己狭小的世界，和其他儿童一起共享蓝天、白云。

# 第四节　特殊儿童的评估与鉴定

## 一、筛查、评估

### （一）医疗保健机构进行的筛查、评估

1. 产前筛查

产前筛检主要针对有基因疾病的孕妇或高危孕妇，常用羊膜穿刺术、超声波检查等，并且有植入前取样、产前介入、药物介入、基因疗法等技术。

2. 新生儿筛查

我国对每个新生儿都要做神经心理发育评估，对结果可疑的婴儿、高危婴儿进行医学观察，并随访神经心理发育评估，以期早发现神经心理发育迟缓的婴儿。目前，我国规定新生儿疾病筛查病种包括先天性甲状腺功能减低症、苯丙酮尿症等新生儿遗传代谢疾病和听力障碍。

3. 婴幼儿心理行为评定内容及常用量表

婴幼儿心理行为评定量表较多，这里仅对常用的量表做介绍（诊断

性量表由专业人员操作解释）。

（1）新生儿行为评定量表

新生儿行为评定量表（Neonatal Behavioral Assessment Scale，简称NBAS）是美国著名小儿科大夫布雷泽尔顿（T. B. Brazelton）于1973年制订的，是目前适于年龄最小婴儿使用的行为量表，从出生第一天到满月皆可使用，其作用就是对新生儿的行为进行诊断和预测。

国内著名儿科专家鲍秀兰教授在吸收国外新生儿行为评定的基础上，在国内经过大规模协作研究后总结出一套完整的新生儿行为神经测验方法，即新生儿20项行为神经评定心理量表（Neonatal Beharioval Neurological Assessment，简称NBNA）。该量表只适用于足月新生儿。NBNA共20个项目，分为5部分：行为能力（6项）、被动肌张力（4项）、主动肌张力（4项）、原始发射（3项）和一般估价（3项）。每一项评分有3个分度，即0分、1分、2分，满分为40分。如果评分低于35分就为异常，提示有损伤。

新生儿行为评定的临床意义：早期发现脑损伤引起的新生儿神经行为异常；对围产期有问题的高危儿童进行监测；一定程度上预测婴幼儿后期中枢神经系统的情况。

（2）贝利婴幼儿发展量表

贝利婴幼儿发展量表（Bayley Scales of Infant Development，简称BSID），是贝利（N. Bayley）于1933年发表的，1969年出版修订本，前身为加州1岁婴儿智力量表。该量表的适用范围为2～30个月的婴儿，因为常模样本为分层取样，所以标准化程度好于其他婴幼儿智力测验。它包括3个分量表：智力量表，163个项目，着重于适应性行为、语言、探究活动等；运动量表，81个项目，着重于大运动和精细动作；婴儿行为记录表，记录各月龄儿童的个性特征。贝利婴幼儿发展量表的成绩用智力发展指数和运动发展指数来表示，分别适用于评定智能水平和运动水平，平均值为100，标准差为16。贝利婴幼儿发展量表被认为是较好的婴儿发育测验表，其信度和效度均较高。

（3）格塞尔发展量表

美国心理学家格塞尔（A. Gesell）是婴幼儿量表的创始人。他认为，婴幼儿随着神经系统的不断成熟、分化，产生了相应的行为范型，即神经运动系统对一个特定的情境产生行为反应，这种行为范型会随着年龄

的增长而成为一个有秩序的行为系统。因此，正常的行为范型是成熟的指标。格塞尔观察了上千名儿童，发现了正常婴幼儿各种行为范型出现的次序和年龄规律。他认为，以正常行为范型为标准，对儿童进行客观的评定，可以及时发现婴幼儿神经系统的缺陷，以便早期干预。基于这种诊断思想，格塞尔于 1940 年编制了婴幼儿发展量表。

该量表主要诊断四个方面的能力：动作能力、应物能力、言语能力、应人能力。动作能力分为粗动作、细动作。粗动作如头的平衡、坐立、爬走等能力；细动作如手指抓握能力。对这些动作能力的诊断构成了对婴幼儿成熟程度估计的起点。应物能力是对外界刺激物的分析和综合能力，是运用过去经验解决新问题的能力，如对物体、环境的精细感觉。应物能力是后期智力的前驱，是智慧潜力的主要基础。言语能力反映婴幼儿听、理解、表达语言的能力，其发展也具备一定的程序。应人能力是婴幼儿对现实社会文化的个人反应，反映其生活能力（如大小便）及与人交往的能力。

这 4 种能力对每个时期的儿童都有相应的行为范型。正常儿童的行为表现在这 4 个方面应当是平行、相互联系并彼此重叠的。

格塞尔对婴幼儿日常生活录像后，发现婴幼儿在 4 周、16 周、28 周、40 周、52 周、72 周、96 周、144 周时，行为上会出现特殊的质的飞跃，而这些新行为反映其生长发育抵达了新的阶段。格塞尔将这些阶段称为"枢纽龄"，并对每个枢纽龄的 4 种能力做了描述，确立了 63 个项目，以此作为检查的项目及诊断标准，从而建立了 8 个分量表。

### （二）便于家长、教师等发现特殊儿童的筛查方法

为便于家长、教师等提早发现特殊儿童，相关学者制订了较容易的筛查表和观察提示表等，这样可以便于教师、家长等操作。

1. 丹佛发育筛查测验（Denver Development Screen Test，简称 DDST）

丹佛发育筛查测验是美国丹佛学者弗兰肯堡与多兹编制的，是目前美国托儿所、医疗保健机构对婴幼儿进行发育检查的常规测验。它检查的是从出生 2 个月到 6 岁的婴幼儿的发育水平。DDST 在各国得到了广泛使用，如我国上海市曾对 DDST 进行了修订和标准化，将题目简化到只有 12 项，只需 5 ～ 7 分钟便可完成，具有实用意义；北京市儿童保健

所也曾修订过 DDST，基本保留了原 DDST 的项目（只去掉一项"会用复数"），在保健系统中应用广泛。

2. 给出心智发展中的警惕信号

儿童发展的研究已确认：智能不足的孩子，发现越及时，接受教育及训练的成效就越显著。由研究可知，婴幼儿心智异常的发生率大约为3%，而且 85% 以上都处于边缘状态及轻度异常中。因此，及时发现孩子心智功能异常，并给予康复治疗和干预，有可能会使孩子赶上正常孩子的发育水平。但如何判断婴儿心智是否正常呢？可注意观察以下几个方面。

（1）1 岁以内的婴儿迟迟不能达到生理年龄阶段所应达到的感知觉及运动发育水平。正常婴幼儿心智发育的水平：一视二听三抬头，四握五抓六翻身，七坐八爬九扶站，十捏周岁独站稳。

（2）婴儿睡眠过多，看起来像个乖孩子，既不哭也不吵，非常安静，对周围环境无动于衷。

（3）很晚才会对人微笑，不注意别人说话，常伴有运动发育迟缓。

（4）眼部功能发育不良，因不注视周围物体，常被误认为视觉有障碍。所以认为宝宝视觉有问题时，同时应注意其智能发育水平。

（5）对声音刺激不敏感，往往被人误解为听力有障碍，因此对耳聋的患儿要加以留意。

（6）对刺激无反应，需要反复持续进行刺激才能引起啼哭，并且啼哭声音或呈尖叫声，或呈平调声，不像正常孩子的哭声有音调变化。

（7）对周围的环境和发生的事情都无兴趣，即使是玩具。做事情时常常注意力不能集中，反应迟钝。

（8）正常的婴幼儿在 3 个月左右经常喜欢注视自己的双手，并反复玩弄，如果这种动作在婴儿 6 个月以后还持续存在，可能为不正常情况。

（9）正常的婴幼儿在 6～12 个月这一阶段，总喜欢把东西放在嘴里，但随着发育就不再放入，而心智异常的婴儿的这种状况会持续存在到 2 岁以后。

（10）走路时，两脚互相碰撞，经常摔倒，而正常婴儿在会走路以后就不会再出现这种现象。

（11）很晚才学会嚼食物，因此很难喂养。常常因不能咀嚼固体食物而出现吞咽困难的现象，并在吃东西时经常引发呕吐。

（12）到了 1 岁后还经常流口水，而正常的孩子 1 岁将会停止。

（13）正常的孩子在 1 岁零 3 个月至 1 岁零 4 个月就不会故意把东西往地下扔，而心智异常的孩子会持续这种行为很长时间。

（14）在清醒状态下经常发生磨牙动作。

当孩子出现上述提到的某种问题时，父母不要心理压力过重，毕竟它们只是一种信号而已，并不意味着一定有缺陷，因为孩子正处在生长发育中，很可能还会发生变化，重要的是尽早带孩子去儿童保健机构进行详细的测查及观察。

3. 非标准化评估表

此类表格的作用是帮助家长、教师等提早发现特殊儿童，了解问题所在，常由医疗、卫生、幼儿教育、心理专家编写，发至家长、教师手上，以便于操作。应提高此类评估表的易获性，使家长、教师一旦发现问题，可立即让孩子去相关机构进行医学、心理测评。

## 二、鉴定

鉴定是指对特殊儿童的障碍类别、障碍程度及障碍原因的判定。鉴定的目的在于进行有效的安置和提供个别化服务。对特殊儿童的鉴定是一件严肃、科学的事情，因此必须依循鉴定标准和鉴定程序，在国家认可的鉴定机构，由有资质的鉴定人员组成鉴定小组进行鉴定，得出结论，并对结果进行解释。鉴定人员必须按相关职业规范进行鉴定，并承担相应的责任。

### （一）特殊儿童鉴定的基本步骤

组建鉴定小组—熟悉鉴定标准—运用或设计鉴定表—依鉴定表运用鉴定测评工具或表格对被试者进行相关的评量、观察—汇总各种测评和收集的资料—鉴定—小组对各项测评结果进行综合分析研讨—得出鉴定结论。

### （二）目前我国特殊儿童的鉴定工作

1. 国家规定的鉴定机构

我国特殊儿童的鉴定是由国家医院、科研机构、残联组织相关专家组进行，鉴定人员必需具有鉴定人员资质。

2. 鉴定标准

国家现制定了聋、盲、智障、肢体障碍等鉴定标准。

3. 鉴定内容与程序

我国对不同障碍类别的特殊儿童鉴定有基本内容要求和一般性鉴定程序要求，在实施中还须细化，以建立更规范化的鉴定程序。

### （三）鉴定常用测验——以智力障碍儿童鉴定为例

1. 智力障碍儿童定义

1992 年，美国智能障碍协会对智能障碍做出如下定义："智能障碍是始于儿童期间，在智力及生活适应、技能方面有限制的一种特殊功能、能力状态。"该定义包含以下重要因素：智力检测在两个标准差以下；社会适应能力明显低于正常人；同时，问题发生在 18 岁以前。

2. 标准化智力测验

测验经过标准化程序编制，并按标准化程序使用，这样的测验被称为标准化测验。标准化测验编制过程：测验项目编选（以测验目的确定测验目标）；预备测验；对原始测验进行研究和修正；实施正式测验；设立常模；对测验进行检验（信度、效度、辨别度）。

目前，国内外最有影响力、具有代表性的智力测验有斯坦福－比纳智力量表、韦氏儿童智力量表和绘人测验等，现简要介绍如下。

（1）斯坦福－比纳智力量表

斯坦福－比纳智力量表是 1916 年由美国斯坦福大学的 L. M. 特曼对比纳－西蒙量表所做的修订版。该修订版不但对每个测题的实施过程及评分方法做了详细的说明和规定，而且把智商概念运用到了智力测验中，使智力分数能在不同年龄间做比较，从而进一步发展和完善了比纳以智龄评定智力的方法。1986 年公布了第 4 次修订版，量表共包含了 15 个分测验，可以评定 4 个认知领域，即言语推理、抽象／视觉推理、数理推理和短时记忆，适用于 2～18 岁城乡幼儿、儿童和成人。

（2）韦氏儿童智力量表。

韦氏儿童智力量表是由美国心理学家韦克斯勒制定的，适用于 4～6 岁零 6 个月幼儿的智力测验。其目的是测查儿童的一般智力水平、言语水平、操作智力水平以及各种具体能力，如知识、计算、记忆、抽象思

维等，是智力评估和智力低下儿童诊断的主要方法。

该量表分为言语测验和操作测验两类，其中包括两个分量表和 12 个分测验。

①言语量表：常识测验，测查一般知识、兴趣及长时记忆能力；词汇测验，测查词汇、言语表达和长时记忆能力；算术测验，测查心算、注意力和短时记忆能力；类同测验：测查抽象概括能力；领悟能力测验，测查儿童的判断和社会适应能力；数字广度测验，测查注意力和短时记忆能力。

②操作量表：译码测验，测查注意力、短时记忆力、手眼协调能力；填图测验，测查视觉辨认能力和对组成物体要素的认知能力等；积木图案测验，测查空间关系、空间结构和视觉运动协调能力等；图片排列测验，测查部分与整体和逻辑联想等能力；拼物测验，测查想象力、利用线索能力和手眼协调能力；⑥迷津测验，测查空间知觉、计划和手眼协调能力（迷津测验力为备选测验）。

（3）绘人测验

1926 年，美国心理学家古迪纳夫首创用绘人方法测定智力。该测验是一种简便易行的智力诊断工具，适用于 4～12 岁的儿童，在国内外应用广泛。我国首都儿科研究所和上海第二医科大学等对绘人测验进行了标准化处理。

实施绘人测验的步骤：让儿童在绘人测验表的左侧空白处画人；根据评分标准图解，在记录表上对各项目进行评分；将各项目得分相加，求出总分；对照绘人测验智商表查出相应智商。

3.社会适应能力测验

社会适应能力测验是一个参与测验人员多元，测验具有现场性、回顾性和弹性的，反映被试者实际生活能力和社会适应能力的标准化测验。

下面将介绍常用的社会适应能力测验量表。

（1）AAMD 适应行为量表

1965 年，美国智力障碍协会（American Association on Mental Deficiency，简称 AAMD）进行了一项适应各领域行为的研究。这项研究产生了两个适应行为量表，一个为 3～12 岁儿童设计，另一个为 13 岁到成人设计，合称为 AAMD 适应行为量表（1974 年修订）。此表在于提

供一个客观描述和评价一个人在自然和社会要求方面有效适应环境的情况，同时编制了这个量表适合学校的版本。1981年，学校版再次被修订，一部分评估个人独立日常生活技能，如独立能力、身体发育、经济活动、语言发展、数量关系、家务活动与职业活动自我调节、责任、社会化；另一部分评估不适应行为，如暴力破坏、反社会、反抗、不信任、退缩、刻板与怪癖、不当人际交往方式、不良说话习惯、不能接受或偏执、自伤等不良习惯、多动、心理困扰、用药，等等。

量表操作可以通过当事人评量、第三者评量和观察方法实施；测验结果可以图示在侧面图上，以直观方式表示出一个人适应行为的优弱处及适应能力的基本状况。该量表是标准测验。

（2）文兰社会成熟量表

文兰社会成熟量表于1935年由道尔在新泽西州文兰的一所教育学校编制而成，后几经修订，形成文兰适应性行为量表，共3个版本，分别为面谈版、面谈拓展版、课堂版，适用于0～30岁。该量表计分过程与斯坦福-比纳量表计分过程类似，在广阔范围内变化各年龄组。使用文兰社会成熟量表作为适应行为指标的标准分数，意味着设定的社会智商可以明确表示各年龄的不同社会适应能力。文兰社会成熟量表强调会谈技术，不仅问做什么，更强调实际上做的过程，信息来源除被试者外，还有与其关系密切的亲友、教师等。文兰社会成熟量表被译成多国文字，运用广泛。

后来，文兰社会成熟量表又被重新修订，通过提炼和更新内容，使得文兰社会成熟量表的使用更为灵活，扩大了适用人群的范围，更加关注特殊人群的需要，如智力障碍者、自闭症者、多动症患者、脑伤患者，也扩大了适用年龄范围，适用于0～90岁。该量表更新了一些名词及内容，完善的领域包括交流（理解、表达、书写）；日常生活技能（个人、家庭、社区）；社交（人际关系、休闲娱乐、迁移能力）；运动能力（精细动作、粗大动作）；适应性行为参数（内隐行为、外显行为、其他）。

（3）其他量表

除美国外，其他国家也发展了适应行为量表，如日本三木安正于1980年修订了文兰社会成熟量表并形成日本婴儿至初中学生（S—M）生活能力量表。该量表共有132个条目，分独立生活、运动、作业、交流、参加集体活动、自我管理6个分项目；测试7个年龄段儿童，即6个月

至 1 岁零 11 个月、2 岁至 3 岁零 5 个月、3 岁零 6 个月至 4 岁零 11 个月、5 岁至 6 岁零 5 个月、6 岁零 6 个月至 8 岁零 5 个月、8 岁零 6 个月至 10 岁零 5 个月、10 岁零 6 个月以上。我国左启华、张致祥教授在中国 0～14 岁智力低下流行病学调查全国协作组项目中选择三木安正 S—M 社会生活能力检查量表，进行了标准化处理，并形成"婴儿—初中生社会生活能力量表"。该量表在我国智力障碍儿童鉴定中常被选用。

### （四）特殊儿童鉴定程序

对特殊儿童的鉴定要严格按鉴定标准操作，运用鉴定工具，由鉴定人员和被鉴定者共同完成，其中鉴定的项目、内容、流程是鉴定品质的保证。我国特殊儿童鉴定程序需要有从整体布局、鉴定流程至各项目细节的讨论与实施。

# 第五节 特殊儿童教育发展理论基础

## 一、儿童教育发展理论

### （一）多元智能理论

霍华德·加德纳认为，儿童至少有五种智能：音乐智能、身体运动智能、空间智能、人际交往智能和内省智能。这一新的理论能帮助教师认识到那些在传统的学校教育中不被重视的幼儿的能力，而且可以促进幼儿在自己可以胜任的环境中游戏和学习时的自尊的发展。

### （二）最近发展区理论

维果茨基强调社会和文化对儿童发展的影响，强调语言在促进高级思维发展中的作用，以及游戏在发展幼儿的社会合作行为中的重要性。他的"最近发展区"概念，即"由独自解决的问题决定的实际发展水平和由成人指导或同许多同伴协作完成问题，所决定的潜在发展水平之间的距离"。"最近发展区"概念被早期教育者运用于个人的游戏体验中，游戏创造了幼儿的最近发展区。维果茨基的理论为游戏在幼儿学前和学

龄初期学习环境中的突出地位提供了支持。

皮亚杰理论与之相似，也强调语言和社会经验在儿童认知发展中的作用。只不过，维果茨基把游戏看成社会性的；而皮亚杰认为，游戏最初是独自的、个人的，随着儿童的认知发展成熟和自我中心程度的降低，游戏就会变成社会性的。

### （三）成熟论

若干种关于儿童发展的成熟理论，是同 G.斯坦利·霍尔、罗伯特·哈维赫斯特以及阿诺德·格赛尔的理论相联系的。霍尔开始对大量的儿童进行观察和测验。他认为，所谓发展任务就是"每个人必须去学习的那些事情，如果他想被别人认为或他自己认为是一个相当幸福和成功的人的话"。例如，在第二个发展阶段，即幼儿期，对于形成意识的行为类型来说，学前儿童的任务，首先就是接受教育和遵从眼前权威人物的能力，其次就是权威人物不在眼前时遵从的能力。

格赛尔认为，儿童的遗传基因决定了他们的发展和行为，而且内部的成熟因素决定了儿童的生长和发展。

### （四）改善理论

人的发展成长处在动态过程中，早期慢，并不意味着永远慢；发展迟缓，并不意味着存在发育障碍。如果不行动，则有可能导致障碍越积越重；如果我们有教育介入，有干预措施，则可能会减轻障碍程度，防止情况恶化，使不良状况得以改善。有研究表明，适宜的教育和干预措施可使 70% 的发育迟缓的儿童今后能正常成长，而正是教育使他们的起点得以改善，使他们没有输在起跑线上。早期教育将为儿童整个人生之旅打下坚实的基础。

### （五）关键期理论

在人的成长发展中，语言发展、动作发展、智力发展等均存在关键期。关键期多处于学前阶段，错过关键期就错过了某项能力发展的最佳时期；把握关键期则把握住了儿童某项能力发展的良机。对身心发展有障碍的儿童来说，关键期更具有特别含义，如苯丙酮尿症儿童的饮食干预、听障儿童的语训、脑瘫儿童的动作训练应越早越好，一旦错过关键

期，将无法挽回。对于与时间赛跑的早期教育、干预来说，把握关键期，争取到的是希望，避免的是障碍恶化，甚至是不可逆的颓势。

### （六）教学契机理论

学习契机与关键期理论相关联，指的是一些关键性时刻，即在某个时刻或某个环境下，学生最具学习动机，且易获得某种知识和技能。

### （七）主动成长理论

特殊儿童成长，正如鲁宾什坦所说："心理发展是儿童年龄阶段的一个特点，它可以突破任何机体的严重疾病。"这是生命的主要活力。教育在儿童的主动成长中，可以起到顺势利导，帮助其排除障碍，补齐不足，发掘潜力，发展心理，调动主动性的作用。鲁宾什坦提出"意识与活动统一"理论，借助教育者的引导，促进特殊儿童提高创造性、独立性、主动性，学会调整自我行为等。

### （八）支持理论

儿童的成长发展总是与环境教育密切相关，两者相互影响、相辅相成。儿童成长依赖于环境和教育，也改变着环境和教育；环境、教育影响着儿童的成长发展。儿童的适应与否，是在与环境的交互过程中的功能性表达，是克服障碍达到适应、平衡的途径，一方面是指促进儿童自身的成长发展，另一方面是改变调整环境，提供适宜的教育和相关的支持。例如，通过运用辅具（助听器、轮椅），改善听的状态、行的状态，利用适宜的教学策略与教具、学具，改善学生的认知状态，等等。儿童的成长发展是与环境的适当支持分不开的。

### （九）特殊教育构成理论

特殊教育构成理论认为，特殊儿童教育的出发点是特殊儿童全人教育观；教育的目的是在超越中发展；教育环境是以家庭为核心的生态化思考；教育原则是个别化教育与教学；教育模式是融合教育及多元模式；教育支持系统是多学科、多团队整合，教育诊断、评量，多元动态。

### （十）早期教育基本模式

1. 行为主义教学法

教师运用直接教学法教数学、阅读、语言，课程由教师发起和引导，用结构化、不断重复的方法进行教学。奖励包括食物和表扬，而学习是为了寻求预期的正确答案。

2. 蒙台梭利教育

玛利亚·蒙台梭利先把这一方法用于智障儿童教育，后用于学前儿童教育，其方法是为了促进幼儿个性与认知能力发展，鼓励儿童自我约束、自我指导，发展独立性，让儿童在操作材料的活动中独立完成工作。教师的作用就是为儿童准备一个满足儿童需要的环境。

3. 进步主义教育

杜威将教育环境看成培养民主观念的场所，课堂教学以小组活动、合作以及共同责任为目标。教育培养"有创造性的个体，在做中学。教师提供的活动是以儿童的兴趣、需要、目的和能力为基础"。杜威认为："学校的这一目标对支持一个民主社会，教会儿童在一个民主社会中生活，是非常重要的。"

4. 认知发展课程

海恩斯科普认为：儿童既是积极的学习者，又是学习过程的积极计划者。教师的作用是为布置教室提供材料，制订计划，给予儿童体验机会，对活动进行评价。该课程以皮亚杰课程理论为基础。

5. 银行街课程模式

该模式由露西·米切尔提出：为儿童提供与年龄相适应的材料，且设立共同的目标，包括主动性、探索精神、自我概念、交流和学习能力的发展，所提供的材料是教师自己制作的。

6. 创造性游戏课程模式

1985年，在美国田纳西州产生的创造性游戏课程，是以皮亚杰发展理论为基础的建构主义学习模式及以游戏为基础的课程。鼓励儿童游戏，可以促进儿童在七个领域发展：自我意识、情感、健康、认知、交流、社会性和感知运动能力。

## 二、儿童发展里程碑理论

### （一）儿童发展里程碑

儿童发展里程碑指在儿童成长发展过程中，某阶段关键、重要的指标性代表能力，既可表现为儿童全人成长发展中的代表性能力，又可表现为儿童发展某阶段或领域的代表性能力。对里程碑能力的重视和培养，能促进儿童关键成长节点的突破，形成更广泛的相互系统能力。当某个或某些里程碑能力未形成时，往往会成为成长的障碍，即教育、康复联手攻克的难关，而一旦突破难关，儿童的成长便如解扣的锁链，环环通达。所以，里程碑能力往往是拟订个别化教育计划时的优先发展能力。

### （二）儿童发展里程碑的意义

第一，给出了儿童发展的代表性关键目标。儿童发展里程碑给出了儿童发展的关键节点，是儿童发展规律与特征的凝练。

第二，里程碑目标的确立有利于相关目标的达成。当儿童发展里程碑目标确立后，以里程碑进行分析、连接能让相关目标呈现，并让里程碑目标细化，有利于形成里程碑目标引导下的教育内容体系。

第三，相关目标的教学有利于促进里程碑目标的达成。与里程碑连接的相关目标的教学与获得，有利于里程碑目标的最终达成，这意味着某一代表性关键能力的形成。

第四，里程碑行为层层搭建，代表儿童成长的转折点。儿童的里程碑行为是有顺序、分前后、一级一级搭建起来的，代表儿童发展的不同阶段及内容，是儿童生命某阶段成长的转折点，前面的目标是后面目标的基础。

### （三）儿童发展里程碑举例

1.幼儿粗大动作发展里程碑

（1）头颈控制（0～9个月）。

①俯卧：0～1个月转动头部；1～2个月头部抬高45°；3个月头部抬高90°。

②仰卧：0～2个月转动头部；3个月拉孩子的双手使其成坐姿时，其头部稍微落在躯干的后方；4个月拉孩子的双手使其成坐姿时，其头部与躯干成一条直线。

③直立：4个月支持孩子的躯干使其成坐姿直立时，头部维持稳定直立控制；5～8个月支持孩子的躯干使其成坐姿直立时，头颈转动自如；8个月独立躯干以坐姿直立时，头颈转动自如；9个月可随意转动头颈。

（2）躯干控制（2～13个月）

①俯卧：2个月由俯卧姿翻身至仰卧姿；4个月由仰卧姿翻身至侧卧姿；6个月由仰卧姿翻身至俯卧姿；7～10个月利用单侧优势手部支持，自己会坐立起来。

②直立：5个月稍扶持圆背躯干，椎体可维持躯干坐姿控制；6个月身体前倾，但可以利用双手前侧支撑地面，椎体可维持坐姿控制；7个月可单手支撑地面坐立；8个月独立稳定坐姿，坐姿被推向前或向侧面时，会有伸手保护反射的动作；9个月随手部取置物品，可将躯干随着重心转移控制；10个月坐姿被推向后面时，会有伸手保护的反射动作；11～13个月可随意转动身体。

（3）上肢控制（1～10个月）

①俯卧：3～5个月利用前臂使肘部弯曲，将头及胸、腹部撑起；6个月利用双手支撑起上半身体重，将肘部伸直，上肢稳定支撑控制；7～8个月匍匐爬行时，双上肢交替后退、前进动态控制；9个月呈坐姿时，可随意双上肢协同取置物，动态控制；9～10月个四点爬行时，上肢随意方向支撑，动态控制。

②仰卧：1～2个月躺着时手臂会挥动；3月双手可以在中线碰在一起；4个月随着翻身的动作上肢会抬向翻身侧。

（4）骨盆控制（2～16个月）

①俯卧：7个月匍匐后退爬行；8月匍匐前进爬行；9个月四点爬行；9～10个月双手及双膝四点爬行控制。

②仰卧：2个月两腿交替踢动；4个月随着翻身的动作，下肢会抬向翻身侧。

③直立：6个月扶持身体站立，双腿能支撑全部重量；9个月扶持手部可站立，拉着物品可站立起来；10月扶持站立，自己敢蹲坐下来，扶着家具侧行移位；11个月牵着一只手可行走，可独立高跪姿；12个月可独立行

走几步；13个月可独立跪走几步；13～16个月可稳定行走及跪走、小步跑。

（5）下肢控制（2～72个月）

直立：2～10个月膝、踝、足关节弯曲或伸展之协同控制（肌力控制能力，膝关节＞踝关节＞足关节）；11个月可独立稳定站姿；16个月在扶持下可以抬起一只脚；18个月快走、倒退走几步，牵一只手自己会上楼梯；20个月牵一只手自己会下楼梯；21个月由蹲姿直接站起来；22个月扶着栏杆自己上楼梯，两脚一阶；24个月扶着栏杆自己下楼梯，两脚一阶；24～27个月单脚站立可平衡一秒以上；28～31个月可单脚跳跃两次；32～36个月独立一脚一阶上下楼梯；36～42个月单脚站立可平衡五秒；42～48个月原地单脚跳；54～60个月单脚连续向前跳；66～72个月可两脚交替跳绳。

2.儿童早期发展阶段情绪互动六个里程碑

（1）六个重要里程碑

里程碑一：自我调节及对世界产生兴趣。

里程碑二：亲密感。

里程碑三：双向沟通。

里程碑四：复杂沟通。

里程碑五：情绪概念。

里程碑六：情绪思考。

（2）六个重要里程碑观察检核表——里程碑五：情绪概念

①使用两个或两个以上的概念组成一个虚拟的剧情（如发生卡车相撞，然后捡起一些小石头；玩偶互相拥抱，然后举办一场茶会。这些概念不一定要相关）。

②使用言语、图片、肢体动作，一次表达多个概念（如不要睡，起来玩。概念之间不一定要相关）。

③使用以下方式表达愿望、意图及感受：口语；一系列的多种肢体动作。

④会玩有规则的简单动作游戏（如轮流丢球）。

⑤表达两种或两种以上的概念时，会使用假扮游戏或口语，以表达下列各种情绪感受。

a.亲密感（如玩偶开口说："抱抱我。"接着小朋友回答："我要亲亲你。"）。

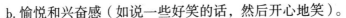

b.愉悦和兴奋感（如说一些好笑的话，然后开心地笑）。

c.好奇心（如假装开着飞机在房子里疾驰，表示飞机要飞到月亮上）。

d.害怕（如学军人拿着枪互相射击，然后纷纷中枪倒地）。

e.设定限制（如要求玩偶在茶会中遵守规则）。

⑥利用假扮游戏，让自己从挫折中复原（如玩吃饼干的游戏，可现实中从来没有吃过）。

（3）六个重要里程碑观察检核表——里程碑六：情绪思考

①在假扮游戏当中，能够将两个或两个以上的概念有条理地连接在一起，不管概念本身是否合乎现实状况（如坐汽车到月球做客，而车子也真的能快速开向月球）。

②把大人的想法加入假扮游戏当中（如特殊儿童正在煮汤，大人问里面放了什么，特殊儿童回答石头和泥土）。

③谈话当中，能有条理地连接不同概念；这些概念能够合乎现实状况（如不想睡觉，想看电视）。

④能够开始并结束两个或两个以上口语沟通循环（如想要到外面去吗？大人问："去做什么？"特殊儿童回答："去玩儿。"）。

⑤会使用口语、一系列的多种肢体动作等连接两个或以上概念，有条理地表达自己的意图、愿望、需求或感受。

⑥会玩有规则的空间及动作游戏（如轮流玩滑滑梯）。

⑦利用假扮游戏或口语，有条理地表达两个或两个以上的相关概念，以处理下列情绪感受。

a.亲密感（如洋娃娃坏了，妈妈动手修理好）。

b.愉悦和兴奋感（如说一些洗澡时的童言童语，然后开心地笑了起来）。

c.好奇心（如好心的士兵寻找失踪的公主）。

d.害怕（如看到妖怪，被宝宝玩偶吓坏了）。

e.生气（如好士兵对抗坏士兵）。

⑧利用假扮游戏当中有逻辑顺序的概念，协助其从挫折中复原，如提出一种可以处理挫折感的方法（由特殊儿童充当教师，指挥全班同学）。

# 第二章　特殊儿童随班就读基础理论

## 第一节　特殊儿童随班就读内涵

### 一、什么是特殊儿童随班就读

#### （一）随班就读的含义

随班就读就是指在普通学校的普通班级内接纳 1～3 名（最多不超过 3 名）轻度特殊儿童，让他们和正常儿童一起接受教育的一种办学形式。

中华人民共和国教育部最初的相关文件规定，随班就读的对象应该是以下三类轻度的特殊儿童，即视力障碍儿童、听力障碍儿童和智力障碍儿童。但随着特殊儿童随班就读工作的不断深入，随班就读对象也随之发生了变化。从目前各地随班就读招生对象的实际情况来看，已由单纯的"三类"招生对象扩大为包括情绪行为异常、孤独症、脑瘫、肢体障碍、学习障碍等各类特殊儿童在内的所有有特殊教育需要的儿童。特殊儿童随班就读是"融合教育"思想在我国的具体体现形式。

#### （二）对特殊儿童随班就读形式的理解

特殊儿童随班就读是适合我国国情的、对特殊儿童进行教育的一种特有形式，具有特定意义的概念。特殊儿童随班就读的含义深刻，因此不应将随班就读仅仅理解为让特殊儿童和正常儿童在一起读书或学习，而应理解为借助这种方式使特殊儿童接受符合他们身心发展规律和特点的教育，即通过教育训练使特殊儿童的身心得到最大限度的发展。

在特殊儿童随班就读中应充分体现尊重特殊儿童身心发展规律和在教学中以特殊儿童为主体的思想，教师要在深入、细致地了解特殊儿童身心特点和特殊需要的基础上，针对特殊儿童身心发展的缺陷和不足，采取特殊的内容和手段，对他们进行有的放矢的康复训练，以弥补他们的缺陷，提高他们适应社会生活的能力。

让特殊儿童随班就读是为了给特殊儿童提供更多的和正常儿童接触、交往的机会，让他们从正常儿童那里学到更多的进行社会交往的知识和能力，为其将来自食其力、更好地适应社会生活创造条件，因为特殊儿童将来最终还是要走向社会，和正常人交往，不可能完全脱离社会而独立生存。

因此，并不是让特殊儿童与正常儿童坐在同一个班级里，与正常儿童共读一本书就算随班就读了，这只是随班就读的第一步，而要想实现真正意义上的特殊儿童随班就读，就必须按照特殊儿童身心发展规律进行因材施教和差异教学。而目前我国的特殊儿童随班就读仅仅处在初级阶段，还有很多问题有待于进行深入思考和解决。

## 二、随班就读与复式教学

所谓复式教学是指由于受各方面教学条件的限制，将两个或两个以上不同年级的儿童安排在同一间教室内，在同一个时间段内由同一位教师分别使用几种不同的教材，对不同年级的儿童进行教学的一种组织形式，也就是将不同年级的儿童安排在同一个教室内学习。随班就读的特殊儿童和正常儿童也是被安排在同一个教室内学习，单纯从表面上看，在组织形式上是一样的，但是实质上，两者在教学的各个方面都是有本质差别的。

### （一）随班就读与复式教学的区别

#### 1.教育对象不同

随班就读教学面对的是两类不同性质的儿童，一类是特殊儿童，另一类是正常儿童；而复式教学面对的都是正常儿童。

2. 所使用的教材不同

随班就读班级两类儿童使用的教材是相同的，只是需要教师根据特殊儿童的实际情况，恰当地处理教材和选择教学内容；而复式教学班级则根据儿童所在的年级使用不同年级的教材。

3. 教育目标不同

随班就读的特殊儿童的教育目标与正常儿童最终的教育目标是不同的，甚至是有较大差异的；复式教学只是把两个或两个以上不同年级的儿童放在一起接受教育，虽然年级不同，但因为他们都是正常儿童，所以对他们培养的终极目标是相同的。

4. 课堂教学程序和时间分配不同

特殊儿童就读班级的教师需要同时向正常儿童和特殊儿童授课，只是需要注意在集体教学的同时有机地穿插个别辅导；复式教学班级的课堂教学，因为教师同时要给不同年级的儿童授课，所以需要教师将一节课的课堂教学时间分成几个部分，在不同的时间段内向不同年级的儿童授课。

（二）随班就读与复式教学的联系

随班就读教学与复式教学又存在着一定的联系，特别是在如下情况下，随班就读教学需要借助于复式教学才能完成。

1. 对初入学的随班就读特殊儿童的教学

对初入学的随班就读的特殊儿童进行课堂教学时，需要进行一段时间的复式教学训练。正常儿童在进入学校学习之前都或多或少地接受过一定程度的学前文化知识的学习与教育，而很多特殊儿童，特别是农村的特殊儿童则没有或很少受过学前教育。对于正常儿童来说，即使未受过正规的学前教育，他们在与正常人进行交往的过程中，也可以自然而然地学会不少与书本内容相联系的知识，而一些特殊儿童，特别是智力障碍儿童则很难达到同龄正常儿童已具备的知识技能水平。因此在特殊儿童入学之初，教师就要利用课堂教学他们补授一些正常儿童已经具备的知识。

2. 对高年级随班就读的特殊儿童的教学

对于高年级随班就读的特殊儿童（如智力障碍儿童）而言，课本知识的深度和难度已超出他们的接受能力，因此需要教师选择符合他们能力水平和特点的教学内容及方法，通过复式教学手段帮助他们学习。

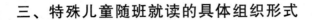

## 三、特殊儿童随班就读的具体组织形式

### （一）纯粹的普通班级模式

纯粹的普通班级模式就是将特殊儿童和正常儿童混合编班，特殊儿童完全在普通班级内接受特殊教育的一种模式。这是随班就读最原始的和最初的办学方式。而这样一种办学形式的实现要求必须具备以下几个方面的条件。

第一，随班就读学校教育工作人员，特别是任课教师要有强烈的事业心、责任感和无私的奉献精神。

第二，教育主管部门必须制定一套科学合理的、切实可行的教学效果评价措施。

第三，各县（市、区）要建立起相应的特殊儿童随班就读支持保障体系。

第四，特殊儿童随班就读班级人数要较少，并且不是复式班级教学形式。

这样一种办学形式也对就读班级教师提出了更高要求。

一是教师要具有较高的特殊教育专业理论知识和技能。

二是课堂教学要将集体教学和个别教学有机穿插、有机结合，要特别重视对特殊儿童的个别辅导。

三是教师要选聘部分优秀的正常儿童担任特殊儿童的"小先生"，帮助教师对特殊儿童进行辅导和服务。

四是必要时教师可在课外活动时间对特殊儿童进行个别辅导。

五是教师要加强与特殊儿童家长的沟通与联系，以最大限度地取得家长的支持与配合。

### （二）普通班级与辅导教师结合的模式

普通班级与辅导教师结合的模式，即在普通班级就读的特殊儿童可以接受学校辅导教师（或资源教师）帮助的模式。特殊儿童可得到辅导教师直接或间接的帮助和服务，而这些帮助和服务更多的是在课外活动时间由教师提供。

1．直接服务

（1）一些特殊的训练，如对特殊儿童进行生活自理能力训练、言语训练、社会交往能力训练、各种康复训练等。

（2）文化知识的补习。特殊儿童在课堂上无法及时掌握的知识，可在课下接受辅导教师的指导和帮助。

（3）有关的思想教育，如鼓励特殊儿童增强自信心，正确对待学习和生活等。

（4）日常行为习惯指导，如遵守纪律、按时上下课、上课认真听讲、认真完成作业、正确与人交往等。

2．间接服务

（1）向任课教师提供对特殊儿童进行教育的有关知识、方法和教学建议。

（2）帮助任课教师按照特殊儿童特点，确定合理的教育目标和制订切实可行的教学计划。

（3）检查、督导随班就读班级教师的教育教学工作，使课堂教学更加有效、合理、规范。

（4）组织开展特殊儿童随班就读的教研活动。

（5）参与对特殊儿童的鉴别评估和教育诊断工作。

## （三）普通班级与资源教室结合的模式

普通班级与资源教室结合的模式是指随班就读的特殊儿童在学校就读时，部分内容（时间）和正常儿童一起在普通班级接受教育，部分内容（时间）到资源教室接受资源教师教育的模式。例如，特殊儿童上一些文化课（语文、数学等）可以和正常儿童一起学习，而上一些缺陷补偿和康复训练课则到资源教室内接受资源教师的专门教育训练。

在这种模式下，资源教师能够针对每名特殊儿童的实际情况，在资源教室内对他们进行个别训练，使特殊儿童能够最大限度地得到与自身需要相一致的指导和帮助。

这种模式是目前大部分特殊儿童随班就读的学校所采用的教育模式，也是目前公认的最理想、效果最好的一种组织形式。

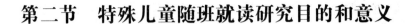

# 第二节　特殊儿童随班就读研究目的和意义

## 一、研究目的

### （一）有效改善随班就读的整体状况

本书以研究我国特殊儿童随班就读为主，旨在通过分析特殊儿童随班就读的现状，找出当前影响随班就读的主要问题，进而寻找有效解决这些问题的对策，从而有效改善随班就读的整体状况。

### （二）保障特殊儿童平等的受教育权利

首先，特殊儿童义务教育保障的全面实现有利于我国教育的起点公平。"人人生而平等"，这是我们都熟悉的理念，而特殊儿童却由于自身条件所限，成为社会的边缘人。为特殊儿童提供教育保障，使他们可以和正常孩子一样接受教育，对促进教育起点公平有重要的理论意义。

其次，为特殊儿童提供义务教育的保障有利于弘扬人道主义精神。儿童是民族的希望和未来，而特殊儿童的生活状况关乎数以千万计的家庭命运。通过教育保障让特殊儿童接受教育，给予他们实现梦想的工具，有利于弘扬人类相亲相爱、和平共处的人道主义精神。

特殊儿童作为人类产生后就存在的一个群体，他们生活得是否独立、是否有尊严、是否幸福，不仅是衡量一个社会文明程度的重要指标，更是中国梦实现的重要指标，因此研究特殊儿童义务教育的保障情况意义深远。解决阻碍随班就读的主要问题，能够保证特殊儿童顺利进入普通班级接受教育，这对保障特殊儿童平等的受教育权利具有十分重要的意义，从更高角度看，应是社会主义、共产主义关于人的发展的应有之义！

### （三）满足特殊儿童接受高质量教育的需求

首先，保障特殊儿童接受义务教育可以实现其发展的权利。特殊儿童由于身体、心理等方面的因素成为社会的弱势群体，他们依赖家庭得以存活，但随着父母的逐渐老去，他们的生活将成为难题。如果能够给予特殊儿童教育保障，使他们获得可以适应社会生活的知识和技能，就

可以促进他们自强自立，为其步入社会提供有效的保障。

其次，保障特殊儿童接受义务教育还能减轻家庭的负担。目前，很多特殊儿童家庭因为特殊儿童早期的康复治疗已经耗费了大量的金钱，导致家庭无力再承担教育的费用，而义务教育保障的良好实施可以解决这个问题。同时，如果特殊儿童通过教育可以实现就业，那将免去原生家庭对特殊儿童一辈子的照料，真正地减轻其家庭的负担。

最后，义务教育的良好实施也可以减轻政府和社会的负担。特殊儿童通过教育获得了适应社会的能力后，就可以和正常人一样就业，独立地生活，这就免去了将来大量的社会救助资金，不仅有利于全社会的发展进步，还可以有效地减轻政府和社会的负担。

让特殊儿童进入普通班级，仅仅解决了进得来的问题，如果没有高质量的教育，特殊儿童的教育需求就得不到满足，那么特殊儿童在普通学校就很难留得住，即使勉强留住，其学习效果也难以令人满意。因此，特殊儿童的义务教育保障研究有助于认清我国当前特殊儿童的义务教育状况，发现在保障的过程中存在的问题，并进一步通过探索去寻找解决问题的对策，这对促进我国特殊教育事业的发展有重要的意义。

## 二、研究意义

特殊教育由于发展时间较短，相比普通教育，其理论并未完全成熟。人们对特殊教育公平的内涵仍然存在不同的解读，对特殊儿童义务教育均衡发展的认识还异常模糊。本书试图厘清特殊儿童义务教育的基本含义及属性，尝试将当前教育公平监测的理念引入特殊教育领域当中，以丰富特殊儿童公平义务教育的研究。

### （一）理论意义

1. 有利于完善随班就读课堂教学理论

基本理论的构建是随班就读课堂教学顺利开展的保障。随着随班就读课堂教学越来越受到关注，相关理论研究不断增加，并取得了一系列丰富的研究成果，为随班就读课堂教学奠定了坚实的理论基础。例如，中央教育科学研究所、特殊教育部陈云英编著的《随班就读的课堂教学》；中央教育科学研究所华国栋主编的《随班就读教学》，陈云英、华国栋合编的《特殊儿童的随班就读试验》，梁斌言主编的《智力残疾特殊儿童随班就读的理论与实践》，周文彬编写的《普通小学教育中的随班就读：课堂教学的策略与实践》，杨逢镕编写的《随班就读教学手册》，等等。这一系列的研究成果全面阐释了随班就读课堂教学的问题，初步建构了基本的理论体系。当然，一些关于随班就读课堂教学的论文，也在构建随班就读课堂教学基本理论体系方面做出了重要贡献。

社会现代化、信息化的快速发展，既给特殊儿童接受教育带来了更多的便利条件，也带来了挑战。特殊儿童只有接受教育才能跟上现代社会发展的步伐，平等地参与社会生活，享受社会物质文化成果。因此，针对我国特殊儿童的需要，明确特殊教育立法对象，体现了对特殊儿童的人文关怀。真正的法治社会，要体现正确的人文关怀，必须通过特殊教育法律化、制度化，才能使特殊儿童的受教育权得到真正保障。作为社会公民，受教育权是每个人的基本权利。通过有效的立法保障特殊儿童平等地享有受教育权、平等地分享社会进步和教育发展所带来的成果，是特殊教育立法中应当始终贯彻的重要原则。只有明确特殊教育对象，实现教育机会均等，才能提供符合特殊儿童需要的教育安置形式、课程设置形式以及教学仪器或设施，使特殊儿童的潜能得到最大限度的发挥。

2. 有利于丰富课堂教学理论

课堂教学理论是以课堂教学中教师促进和引导学生学习为基础构建的一种具有普遍性解释意义的理论框架，它提供了一种一般性的规定和做法，用以有效指导课堂教学实践，其核心是指导教师如何在课堂上教会学生想要学习的东西，偏重课堂教学的技术和程序方面，使教学这种外部的事件影响学生的内部学习过程。近代以来，国外教学理论发展速度较快且形成了系统化的课堂教学理论。例如，瓦根舍因提出的"范例教学理论"、罗杰斯提出的"非指导性教学理论"、巴班斯基提出的"教学过程最优化理论"，以及"建构主义学习理论""教育目标分类理论""有效教学理论""多元智能教学理论"等，都为课堂教学的顺利开展奠定了理论基础。近年来，我国课堂教学理论借鉴了国外教学理论的最新研究成果，在立足于本国国情的基础上，提出了我国当代课堂教学理论。例如，"情境教学理论""合作教学理论""差异教学理论""目标教学理论""尝试教学理论""自学辅导教学理论""创新教学理论"等，都有效促进了我国课堂教学"从教师本位向学生本位转变，从独白式教

学向对话式教学转变，从封闭式教学向开放式教学转变，从传递接受式教学向以引导探究为主要特征的多样化教学转变"。本书试图以特殊教育为切入点，从一个全新的角度去丰富和完善课堂教学理论。

特殊教育理论的发展与创新，有利于促进我国特殊教育事业的发展。明确特殊教育对象，让更多的特殊儿童有机会接受适当、有效的教育，必将进一步促进我国特殊教育事业的发展。

3. 有利于拓宽课堂教学研究领域

目前，学者们研究课堂教学，多数习惯于将视线集中在普通课堂上，在研究内容方面广泛涉及课堂教学的内涵、理论基础、原则、模式、教学目标、教学内容、教学方式方法、教学组织形式、教学评价、课堂教学设计、教学管理等众多研究领域；在实践研究方面，涉及大量社会调查及案例研究；在研究方法方面，有些学者采用质性研究方法，有些学者采用量化研究方法，有些学者采用质性研究与量化研究相结合的方法。可以说，普通课堂教学研究，既涉及广大一线教师的经验和总结，又涉及专家、学者更深层次的理论研究；既有从宏观视角的描述和把握，又不乏微观视角的关注。普通课堂教学研究已基本自成体系，形成了较为全面、丰富的课堂教学理论，为指导课堂教育教学实践奠定了基础。但自20世纪80年代以来，随着普通班级中随读生这一特殊教育群体的加入，普通课堂教学正发生着微妙的变化。如何让随读生在普通课堂上得到充分的尊重和发展，成为课堂教学需要解决的实际问题。

科学发展观不仅可以指导国民经济的发展，还可以渗透人民生活的方方面面。传统特殊教育的对象主要指听力残疾、视力残疾、智力残疾儿童。在科学发展观的指导下，建立新的特殊儿童观，将传统的狭义概念扩大为包容所有特殊儿童，保证特殊儿童的受教育权，为特殊儿童提供平等的受教育机会，使其形成独立的权利意识，拥有维护自身权利的能力。

（二）实践意义

1. 有利于增强随班就读教师课堂教学实效性

课堂教学的实效性要求教师在课堂教学过程中的所有教学行为都应符合学生的实际情况，同时应收到不错的效果。特殊儿童与普通儿童有很大不同，如感知发展缓慢，记忆范围狭窄、易分散，记忆容量小，回忆和再认困难，语言发展迟缓，思维刻板，缺乏独立性，等等。这些独特之处会对课堂教学效果产生不良影响，尤其是对于刚接触随班就读智力障碍学生的教师来说，更不容易开展课堂教学，以致课堂教学效果不明显，降低了课堂教学实效性。通过对特殊儿童随班就读课堂教学进行现场调查，发现教师和学生在此过程中出现的深层次问题，并剖析其问题产生的原因及影响因素，从而为教师根据普通学生与特殊儿童的身心特点制订既兼顾全体又照顾差异的课堂教学目标、教学内容、教学方法、教学组织形式、教学评价方式提供有益借鉴，使其更加自如、有针对性地开展特殊儿童随班就读的课堂教学，改善课堂教学行为。

关于理论与实践的关系，理论源于实践，但并不仅仅是对实践经验的概括和总结，更重要的是对实践活动、实践经验和实践成果的批判性反思、规范性矫正和理想性引导，这就是理论对实践的超越。

2. 有利于提高随班就读特殊儿童课堂学习的适应性

特殊儿童在课堂学习过程中必然会遇到种种困难，且多数特殊儿童会出现不愿意学习、依赖他人、学习方法不恰当等情况。这些基本的问题如果不能被及时解决，那么随读生就很难在真正意义上适应课堂学习，以致随班就读课堂教学成效难以得到保证。目前，许多研究证明，学生的课堂学习适应能力是动态的、可变的，只要有足够的时间并施以学习技术上的指导，就能提高其学习适应能力。随读生虽然存在缺陷，学习成绩稍差，但是这并不表示他们不具备学习能力，他们甚至在某些领域的优势、潜力非常大，只不过没被开发出来而已。因此，教师应指导特殊儿童运用适宜的听课方法、读书方法等培养良好的课堂学习适应能力，以期最大限度地提高其课堂学习适应性。

3. 有利于指导随班就读教师教育教学实践

随班就读经过近些年的不断发展，取得的成绩是有目共睹的。通过对随班就读课堂教学进行现场考察和对教师、普通学生及随读生的深度访谈，以国内外课堂教学理论为指导，在结合我国实际情况的基础上，从随班就读课堂教学目标的制订、课堂教学内容的选择、课堂教学方法与组织形式的选取、课堂教学过程的调控及课堂教学评价的调整等几个维度全面地考察了随班就读课堂教学的整个过程，既有理论指导，又有实践经验的总结，并且具有操作性、指导性，对指导普通中小学教师随班就读课堂教学实践具有较高的借鉴意义。

# 第三节　随班就读的形式

## 一、随班就读是符合特殊教育发展规律和我国国情的特殊儿童、少年教育形式

### （一）走向融合是特殊教育的发展方向

综观世界和我国特殊教育的历史，走向融合是特殊教育的总体发展方向。从这个视角了解随班就读的缘起、现状，展望其发展，有助于客观地认识随班就读。

1. 世界特殊教育发展阶段与发展方向

（1）早期的世界特殊教育

世界特殊教育始于 18 世纪的欧洲；1770 年，法国人莱佩在巴黎创办了世界上第一所聋人学校；1784 年法国人阿羽依在巴黎创办了世界上第一所盲人学校；1837 年，法国人塞甘在巴黎创办了世界上第一所智力落后儿童学校。此后，将特殊儿童安置在专门的特殊教育机构中接受教育的现象在欧洲一些国家相继出现。早期特殊教育机构的出现，应视为人类教育史上的进步。

（2）北欧的正常化思潮与西欧的融合思想

正常化思潮是指第二次世界大战后，一些北欧国家倡导改革原来教养院中封闭的教养模式，主张将受教养者安置到正常的社会环境中学习和生活，以提高其适应社会的能力。该思想对后来的"一体化""回归主流"等思想的形成产生了深刻的影响。融合教育思想亦称"一体化"，指 20 世纪六七十年代，英国等西北欧国家的特殊教育界主张将特殊儿童以多种形式安置在普通学生中接受教育。

（3）回归主流运动

回归主流是指 20 世纪 70 年代后，美国特殊教育界倡导应让特殊儿童在最少受限制的环境中接受教育，依据不同的残疾程度，采取各种不同的特殊教育形式，制订个别化教育计划，使大多数特殊儿童尽可能在普通学校与普通儿童一起学习和生活，改变以往主要将特殊儿童集中安置在特殊教育学校，将其与普通儿童隔离开的传统的特殊教育模式。但

是不完全取消特殊学校，特殊学校仍将发挥接收和教育不适合在普通学校学习的特殊儿童，向普通学校提供教育咨询服务等作用。

（4）全纳教育

全纳教育是指20世纪90年代初期国际特殊教育领域出现的一种新思想和做法，主张教育要满足所有儿童的需要，为普通儿童设置的教育机构亦应接收所在地区的各类有特殊教育需要的儿童少年，并有能力提供满足其特殊教育需要的以儿童为中心的教育活动；在一切可能的情况下，所有儿童应一起学习，而不论他们有无或有何种困难或差异。全纳学校要兼顾学生之间的不同需要，兼顾不同的学习类型和学习速度，通过适宜的课程、学校组织、教学策略、资源利用及社区合作，确保教学质量。这一思想和实践旨在消除歧视、创建接纳特殊儿童的社区，使人人都能接受教育，同时提高整个教育体系的效益，并最终建立全纳教育社会。

2. 我国近代特殊教育历史呈现的发展阶段与发展方向

（1）中华人民共和国成立前的特殊教育

我国近代特殊教育始于19世纪中叶。1874年，英国人穆·威廉在北京创办了中国第一所特殊教育学校——"瞽叟通文馆"（北京盲人学校前身）；1887年，美国人查理·米尔斯夫妇在山东登州创办了中国第一所聋校——"启喑学馆"；1927年，国民政府教育部在南京建立了"南京市盲哑学校"。截至中华人民共和国成立前，全国共有盲、聋学校42所，教职员工360人，学生2380人。

（2）中华人民共和国成立至改革开放前夕的特殊教育

中华人民共和国成立至改革开放前夕，全国共有特殊教育学校504所，教职员工1.4万多人，学生5.2万多人。1979年试办了智障教育，全国有24个省、自治区和直辖市在普通小学附设了578个智障班，建立了一批培智学校，增加了特殊教育类别，逐步形成了特殊教育体系。

（3）改革开放以来的特殊教育

1988年以来，先后召开了四次全国特殊教育工作会议，特殊教育事业进入了快速健康发展的时期。截至2020年，全国共有特殊教育学校2244所，专任教师6.62万人，在校生88.08万人。

随班就读将特殊儿童、少年安置在普通学校的普通班级接受教育，在教育安置形式上为特殊学生和普通学生的接触、交流和融合创造了条件，体现了近代特殊教育发展的趋势和要求。

### （二）随班就读符合我国国情

随班就读始于 20 世纪 80 年代末期，当时承载着我国特殊教育事业的教育机构只有特殊教育学校（班），全国仅有近 6 万名特殊儿童、少年就读于特殊教育学校。在这样的情况下，寻找一条投入少、见效快、方便就近入学、适合中国国情的，普及特殊儿童、少年义务教育的办学之路迫在眉睫，随班就读应运而生。

我国随班就读从布点实验到逐步推开再到深入发展，从最初以解决特殊儿童入学难问题逐渐发展到提高特殊儿童的受教育质量，多年来不断扩大接受特殊儿童的规模，最大限度地保障了特殊学生的受教育权，产生了较好的教育效益、经济效益和社会效益，满足了随班就读学生和家庭的需要。

## 二、随班就读教育要以人为本，满足学生特殊教育需要

### （一）教育要促进每一位学生的发展

教育要促进每一位学生的发展，包括普通学生的发展和有特殊教育需要的学生的发展。有特殊教育需要的学生包括随班就读学生、学习困难学生、心理障碍学生、行为问题学生，等等。需要说明的是，某些学生在一个特定时期内存在着特殊教育的需要，在此期间也应被视为有特殊教育需要的学生。例如，某打工者子女刚转入某学校学习尚不适应的一段时间里，某学生因病休学后又复课的一段时间里，都会有特殊教育需要，应该被特殊关注。

### （二）教育以人为本，要面向全体、关注差异，促进学生有效参与、和谐发展

教师关注班内学生的差异，主要是关注学生个体间的差异、个体内的差异和类差异。

个体间的差异指学生彼此之间的不同。这种不同表现在学习上，主要是学习能力的差异（包括理解能力、记忆能力、注意能力、思维能力等）、知识水平的差异（包括基础知识、条件性知识掌握的广度与深度

等）、非智力因素的差异（包括学习的兴趣、勤奋的态度、钻研的精神、顽强的意志等）、感官功能的差异（包括视觉功能、听觉功能、触觉功能等）。

个体内的差异是针对某位学生来说，其自身的发展表现出来的不平衡状态。这种不平衡状态在学习上主要表现为，某位学生可能动手操作能力强但语言表达能力差，某位学生有音乐才能但数理能力差，等等。新课改强调每位学生自身都具有不同的优势潜能与劣势潜能，指的就是学生个体内的差异。

类差异是指某类学生呈现出的稳定表现与另一类学生呈现出的稳定表现存在着明显的差异。例如，视觉障碍学生主要靠听觉、触觉获取外界信息，在学习上对颜色、形体、空间方位等概念接受困难，行动迟缓；听觉障碍学生主要靠视觉获取外界信息，在学习上理解语言和表达语言困难；智力障碍学生一般表现为知觉速度慢、容量小，缺乏感知的积极性，视而不见，听而不闻，在学习上表现为语言发展迟缓，思维直观、具体，概括水平低，等等。

人们常说"千人千面"，确切地讲，每位学生都是独一无二的。个体间的差异、个体内的差异和类差异仅是为寻找有效的教学策略。对一位活生生的具体的学生，教师要把其特点摸透抓准，不要笼统而言，不要想当然，这样才有可能从学生的实际出发，选择有效的教学策略。

教师面向全体、关注差异体现在教学行为上，就是要尊重差异，实施差异教学，这样才有助于促进每一位学生在各自不同的水平上有效参与学习活动，实现和谐发展。

### 三、法律法规是推动随班就读发展的根本保障

我国多年来开展的随班就读工作取得了明显的效果。实践证明，随班就读切实可行，它使大量的特殊儿童实现了就近入学，有力地推进了义务教育的全面普及。

回顾我国随班就读发展的历史，法律法规的颁布与实施是推动随班就读工作深入开展的直接动因。对于特殊儿童，在随班就读布点实验阶段，1990 年的《中华人民共和国残疾人保障法》第三章第二十五条规定"普通小学、初级中等学校，必须招收能适应其学习生活的残疾儿童、少年入学"。在随班就读向各省、市推广阶段，1994 年的《中华人民共和

国残疾人教育条例》第二章第十七条明确规定适龄特殊儿童可以根据条件"在普通学校随班就读";同年,教育部颁发的《关于开展残疾儿童少年随班就读工作的试行办法》更是直接指导、规范随班就读工作的政策性文件。在全面提高随班就读质量阶段,2006 年修订的《中华人民共和国义务教育法》第三章第十九条规定"普通学校应当接收具有接受普通教育能力的残疾适龄儿童、少年随班就读,并为其学习、康复提供帮助",这是从国家最高的法律级别上给随班就读以保障。

与国家政策相对应的各地方政府的政策文件,在推进随班就读发展方面也起到了至关重要的作用。以北京市为例,近二十年来已下发多项相关政策文件,2013 年相继印发了《关于进一步加强随班就读工作的意见》(京教基二〔2013〕1 号)和《北京市中小学融合教育行动计划》(京政办函〔2013〕24 号),又为相关工作的推进提供了强有力的支持,使特殊儿童的受教育权得到了更加有力的保障。

## 四、随班就读是项系统工程,需要建立、健全规范运作的支持保障体系

随班就读工作支持保障体系是在总结我国近年来开展随班就读工作经验的基础上提出的,旨在促进随班就读工作健康持续发展的一套常规长效的保障机制,主要内容包括:建立、健全组织管理机构;加深认识,做好随班就读宣传工作;制订好规划;有专人负责管理随班就读工作;建立管理网络和指导网络;加强社会其他有关部门的支持;配齐配好基层学校负责随班就读工作的干部及教师;在随班就读学生较多的学校建立资源教室;加大资金投入;加强对随班就读干部及教师的培训;加强随班就读教研、科研的工作;加强特殊教育学校与普通学校的沟通等。

建立、健全随班就读工作支持保障体系的根本目的是使特殊儿童、少年接受义务教育的主要形式(随班就读)科学化、规范化、制度化;通过各部门的全力支持和多方面的有效保障,使广大符合条件的特殊儿童、少年能够顺利地进入普通中小学,并能留得住、学得好。

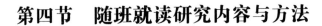

# 第四节　随班就读研究内容与方法

## 一、随班就读的研究内容

特殊儿童是指身心发展的某一方面或多个方面明显偏离普通儿童的发展水平的儿童，如智力残疾、听力残疾、视力残疾、肢体残疾和多重残疾等。这些特殊儿童在我国所占的比例不大，但数量不少。

目前，国际上主流的特殊教育思潮要求特殊儿童融入普通儿童群体中，所有学校应无条件接纳各类特殊儿童。我国需要结合本国国情切实保障特殊儿童的权益，使法律具有一定的前瞻性和稳定性。首先，我国要了解哪些特殊儿童的特殊教育需求未得到满足；其次，为了保障所有特殊儿童都有接受教育的机会，我国应以法律的形式确保那些未接受特殊教育的特殊儿童的权利。由于各类特殊儿童之间存在很大差异，如何在法律中体现其不同要求，是一个需要加以重点考虑的难点问题。

## 二、随班就读的研究方法

量化研究和质性研究是社会科学领域中的两大基本研究模式。长期以来，学者们非常重视量化研究，其应用也非常广泛，但是量化研究的权威性依靠对大量样本的研究，因此小量样本难以起到研究的作用。与此同时，随着质性研究的崛起，其应用也日益广泛。目前，将量化研究和质性研究的方法结合起来使用的情况越来越多。质性研究更多偏重从研究参与者的陈述中确认和合成共性要素，发现问题，解释问题，把其不可避免的主观性和缺乏普遍的应用性用广泛收集量化数据的方法加以证实，对现象进行有计划的分析、综合、比较和归纳。本书主要运用了文献查阅法、比较分析法、问卷调查法、数量研究法、访谈法、个案分析法等研究方法，将质性研究与量化研究相结合，进行了详细的研究。

# 第五节　特殊儿童随班就读的发展

## 一、办学内容上的高效跨越

### （一）体制建设——主要体现全面多样

体制也可以说是结构。特殊教育的结构，从宏观来看就是要体现以随班就读为主体、以特殊教育学校为骨干的格局，从微观来看就是要体现特殊教育学校功能的拓展与延伸。特殊教育学校应当成为随班就读和社区听力语言训练的咨询指导中心、信息资源中心、技术服务中心。

### （二）设备建设——主要体现先进适用

如果总是采用粉笔加黑板的单一传统教学方式，没有现代化的教学手段，就体现不出高效跨越。设备建设是高效跨越的主要标志之一。

### （三）教材建设——主要体现一纲多本

教材建设要更符合时代要求，更切合学生实际，更注重教育规律。我们应提倡在大纲指导下编写校本课程。教材建设实际上是对教师的挑战。

### （四）队伍建设——主要体现德才兼备

注重人员结构的多样性和人员素质的全面性。所谓人员结构的多样性，是指学校不能是单一的教师编制，还应有职业指导员、心理辅导员、实验员、电教员的编制，等等。所谓人员素质的全面性，是指特殊教育人员应当是具有"长""宽""高"的立体人，其中，"长"是指专长，"宽"是指知识面宽，"高"是指职业道德高。另外，尤其要注重培养年轻人，让年轻同志经风雨、见世面。

## 二、特殊教育学校发展建设的主要目标

### （一）管理科学规范

管理是人类基本的社会活动方式之一。现代社会管理的对象是人、财、物、信息和时间。

第一是抓管理主体，提高教师素质。学生管理是通过教师来实现的，因此，特殊教育学校的管理主要是教师的管理。教师管理应当采取"精神激励管理"和"纪律约束管理"相结合的方法。人的管理是科学，是技术，也是艺术。管理者只有具备良好的个性素质、丰富的生活阅历、坚实的理论基础、深厚的艺术修养、广阔的胸怀和远大的目标，才能成为教师的教师、表率的表率。

第二是抓职能环节，形成"回路"系统。近代管理学理论认为，管理是一个为了达到同一目标而协调集体所努力的过程。这个协调所必需的职能是计划、组织、控制。在特殊教育学校的管理实践中，这三种职能可以具体化为四个环节，即计划决定、组织实施、检查指导、总结评价。这四个环节可以构成一条管理链，形成管理过程的"回路"系统。管理不能只看结果而不看过程，因为过程直接影响结果。过程要力求细化、量化，这为总结评估环节奠定了基础。

第三是抓特色教育。特殊教育学校的特殊性首先体现为教育对象的特殊性。因此，特殊教育学校必须依据特殊学生的特点扬长避短，发挥优势，使其某一方面的能力等同于或超过同龄、同学历的健全人。

无论是普通教育还是特殊教育，教育的基本目标都是一致的，那就是使受教育者成为具有健全人格和独立个性的"四化"建设人才。为了实现这一目标，特殊教育学校要比普通学校付出更多的努力，变弱势为优势，变一般为特色。只有"教育有特色，学生有特长"，才能提高特殊教育学校学生的学习质量。

### （二）师资充足达标

学校要有两支队伍，一支干部队伍，一支教师队伍。我们这里主要讲教师队伍，而且主要是从学校建设发展的角度来说，而不是从教师个

人发展的角度来说。简单说来要考虑几个因素，这几个因素就是学历、职称、编制、比例、专业、水平，因为在这些方面国家是有要求的。因此，师资建设是 21 世纪特殊教育发展的重要内容。

### （三）教学质量优良

教学质量优良是有统一标准的，同时有横向的比较和社会的检验。从学校建设来看，以下几点是重要尺度：合格率、优秀率、升学率等。学生要进得来、留得住、学得好。

### （四）设备先进齐全

什么叫先进？符合时代潮流的才叫先进，比如，有电化教学、职业训练、听力检测等方面的设备，除此之外，还要有基础教学设备（例如律动教室等）、办公设备、生活设备，等等。各种设备要齐全，方便教学。

### （五）校园整洁优美

刘禹锡说："山不在高，有仙则名；水不在深，有龙则灵。"校园建设的关键是有特色，要有浓郁的教学氛围。学校不论大小，都要抓净化、绿化、文化，让人感到清新、宁静、愉悦。

### （六）学生学有所长

学校既要抓基础教育，又要抓特色教育，两者不可偏颇；要扬长避短，充分发挥学生的潜能，让学生在某一方面获得发展，甚至达到或超过同龄学生的水平，使其能用其所长为社会服务。

## 三、21 世纪特殊教育教师应具备的人格特征

### （一）奉献精神

一位学者讲过这样一个故事：一位研究生到一所智力障碍学校实习，他看到一些孩子大便后不会擦屁股，于是，他试着教他们擦屁股。一次，两次，三次……孩子们始终学不会。他开始冥思苦想，终于想到一个办

法。他将旧报纸做成纸浆，用纸浆做出模型——屁股模型，然后，一个又一个地手把着手教孩子们擦屁股，一次，两次，三次……这些孩子在愉快的活动中终于学会了擦屁股。当这位研究生离开这所学校时，这些孩子和他们的家长都哭了。

还有一位学者也讲过一个故事：一所智力障碍学校安排孩子们从事简单的生产劳动——往塑料袋中装扣子，要求每袋装9颗扣子，不多也不少。可是孩子们总是数不准。一位教师便想出一个办法，他找来一些小木板，在每块木板上挖出9个与扣子一样大小的凹槽，他教孩子们抓一把扣子放在木板上，用手抹平，每个凹槽里都要有一颗扣子。孩子们觉得很好玩，十分投入，抓得越准，兴趣越大。

这两个故事里没有什么大道理，只有奉献精神和对特殊儿童的爱。虽然不是每个特殊教育工作者都有那位研究生和那位教师一模一样的经历，但每个特殊教育工作者都可以像他们那样思考和探索，这样才能像他们一样，为特殊儿童献出自己的一片爱心。

## （二）知识

1. 广博的人文知识

歌手们不仅歌要唱得好，还要懂一点文学、历史、地理等知识，不然就没有厚度。达·芬奇是画家，但他掌握了丰富的知识，在天文、物理、建筑、机械方面都有建树。爱因斯坦是著名的物理学家，但他有很高的音乐修养，拉得一手好提琴，他在物理学方面的灵感常常来自音乐。杨振宁从小爱好文学，他的古典文学根基很深……教师也一样，不能孤陋寡闻。教师给学生一滴水，自己要有一桶水。

2. 熟练的学科知识

教师要对自己所学的专业要尽可能全面地了解，进行横向、纵向的比较，这样认识才全面，才清楚自己该在哪些方面"充电"。对于教师来说，自己起码在教学中不要出现知识性错误，教语文的不能教错字，不能写倒笔，不能出现语法错误；教数学的不能出现计算错误，不能教错误的思考方法。

3. 基本的科技知识

现代科技发展日新月异，还有许多科学技术直接对我们的观念和生

活产生了重大的影响，如光电通信、基因工程、太空育种、可视电话、磁悬浮列车等。我们简直就是生活在科技世界里。当然，要教师对这些科技知识都熟悉甚至都精通是不可能的，但是对这些知识做一些基本的了解是可以办得到的。

4. 全面的特殊教育知识

全面是指特殊教育教内容、特殊教育方法、特殊教育设备、特殊教育心理、特殊教育理论和特殊教育历史等各个方面。教师如果对自己的教育对象不熟悉就很难取得良好的教学效果。要想取得好的教学效果，教师就必须研究教学对象，研究他的心理、生理，研究他的现状和历史，比方说，对特殊教育历史要了解一点，对特殊教育内容要熟悉一点，对特殊教育技术要掌握一点，等等。

**（三）能力**

1. 教学能力

教学能力包括两个方面，一是知识水平，二是教学艺术。特殊教育教师必须具备这两个方面的能力。除了熟练掌握教学内容外，特殊教育教师还必须掌握多种教学手段。

2. 组织能力

组织能力主要不是管，而是指导和服务。教师亲近学生，学生就相信教师；学生相信教师，教师就有了威信，教师就取得了发言权。组织能力就是建立情感和指导的艺术。

3. 动手能力

心灵则手巧，动手能力是人的智慧全面的表现。动手能力就是实践能力。训练学生的动手能力，有利于学生意志力、独立性的培养。

4. 科研能力

科研关键是要有科研意识。教师的科研能力是教师在教育科研实践活动中形成的直接影响教育科研效率，使教育科研任务顺利完成所必备的主观条件。没有高素质的创新型师资队伍，就没有创新人才的培养。

# 第三章　特殊儿童教育专项训练

## 第一节　语言训练

### 一、特殊儿童语言康复训练的内容

#### （一）特殊儿童前语言能力训练

所谓的前语言时期语言能力训练，是指特殊儿童能够说出的第一个具有意义的单词前时期。在前语言时期，特殊儿童并没有真正意义上的语言，大多数儿童已在接受来自各个方面的刺激，并且为自己学习语言做准备工作。在这一阶段，实施语言康复训练的目的就在于帮助特殊儿童积累一些语音表象，发展特殊儿童学习语言必须要具备的能力。因此，语言康复训练的内容主要包括诱导特殊儿童进行无意识交流，训练特殊儿童通过不同音长、音强及音调的哭叫声来表达特殊儿童的生理需求以及特殊儿童的情感，培养特殊儿童听觉的敏感度，使特殊儿童能够对语言产生一定的敏感性，引导特殊儿童能够发出一些单音节，鼓励其逐渐发出一些连续音节，培养特殊儿童交际的倾向，并且使其能够理解和表达一些具体概念词。

### （二）特殊儿童词汇理解及表达能力训练

伴随着特殊儿童语言能力的不断发展，特殊儿童开始有意识和有能力学习一些常用的词汇，并且开始使用语言来和外界进行互动。在这一阶段实施特殊语言训练的目的就在于使特殊儿童对其有一定的了解，将他们所要表达的主要内容转变成简单的语言符号，也就是我们所说的词语。与此同时，特殊教育工作人员还要通过实施词汇训练来帮助特殊儿童增加其自身拥有的词汇量，加深特殊儿童对词汇和词义的理解。

### （三）特殊儿童词组理解及表达能力训练

特殊儿童进入一个全新的语言发展阶段，会将词组作为一个整体来进行使用。因为词组具有很强的语法规则，所以习得词组结构就表示特殊儿童已经能够掌握一些语义之间的联系，标志着儿童语言发展步入了一个新的发展阶段。所以，在实施特殊儿童语言康复训练过程中，必须要将词组训练作为主要内容和重要内容。

## 二、特殊儿童语言康复训练的手段

### （一）特殊儿童语言康复训练要结合传统方法

在教育教学过程中，应用计算机多媒体技术能够为特殊儿童提供生动有趣及立体形象的语言训练，并且能够通过计算机的程序来实施成分替代、反复强化等特殊儿童语言教育手段，这也从本质上强化了传统的特殊儿童语言训练教育过程中有效的手段的采用。与此同时，特殊儿童语言康复训练必须要成为一种人与人之间互动的活动，要求特殊教育人员全程进行指导。原因就在于，多媒体现代教学手段需要通过教学实践过程中教师能力的发挥以及与学生的互动来实现。

### （二）特殊儿童语言康复训练要结合认知进行拓展

人类表达客观世界最为重要的渠道和手段就是语言，但是语言表达的前提就是认知，而认知思维是所有语言得以发展的前提和基础。特殊教育工作人员在进行语言训练内容设计以及语言训练方法选择的过程中，

必须综合考虑特殊儿童的认知能力，根据其认知能力来选择一种特殊儿童能够通过自身努力而达到的康复训练目标。与此同时，特殊教育工作者还要巧妙并且充分地利用各种手段来强化特殊儿童对语法规则以及词语含义的认识和理解。只有在理解的基础上，特殊儿童才能够在不同情境中灵活地运用自己所学到的句子或者词语。

### （三）特殊儿童语言康复训练要结合生活实际

实施语言康复训练最终的目的是使特殊儿童充分运用语言，因此在实施特殊儿童语言康复训练的过程中，必须要充分考虑那些特殊儿童生活过程中需要用到的语言；在选择语言康复训练内容的时候，教师应将特殊儿童日常生活中经常使用的词语、词组以及句子作为重点的训练内容；在选择特殊儿童语言康复训练方法的时候，必须要选择那些贴近特殊儿童生活的场景来实施训练，并且要将学校资源以及家庭资源进行充分利用；在对特殊儿童语言康复进行评估的过程中，同样要尽可能地对特殊儿童运用日常语言的能力进行评价。

## 三、语言康复训练课程的相关完善措施

### （一）完善教学内容

我们可以将"语言康复训练"课程的教学内容分为三个方面：一是解决一些听力障碍儿童的听力问题；二是解决一些脑瘫儿童的肌张力问题；三是解决那些自闭症等儿童的沟通认知问题。我们还要增加实践教学的内容，明确课程实践教学的相关内容和实践教学形式，与此同时，还要配合实践教学的大纲，建立合适的、科学的实践教学指导体系，明确具体的教学时间和教学目的，并有针对性地开展实践活动，让特殊儿童的实践能力得到充分的提升。

### （二）建立特殊儿童教学指导手册

指导手册的建立可以将一部分课堂内容直接转化为学生自主学习的内容，可以让那些能够自主学习的学生进行自学。在特殊教育这一课程中，经常会出现自闭症儿童这类，再加上教师接触自闭症儿童的经验，

所以不管从理论上还是从实践上，对自闭症儿童都是有一些帮助的，因此可以将这部分内容转化为指导手册内容来指导教学。这样一来，不仅可以压缩理论课程的教学时间，还能够增强学生自主收集资料的能力。

### （三）建立教学实践教育平台

实践地平台建设对于特殊儿童的教育教学来说是非常重要的，它是完成学生日常学习和课程实践的关键场所。学校可以通过建立特殊儿童语言培训中心，来不断鼓励学生在课余时间对自身的语言能力进行再培训。教师还可以在课堂上对特殊儿童的教学内容进行指导，这样不仅可以增加自身的教学经验，还可有效提升对特殊儿童的教学质量。此外，我们还可以让家长陪同孩子一起上课，因为有很多特殊儿童在内心深处是抵触与外界接触的，而当自己的父母在身边时，这些特殊儿童的情绪就会稳定得多。

### （四）创建多元化的教学评价体系

创建多元化的教学评价体系，可以从编制训练题库入手，将训练题编辑好之后生成单元测验题，这样就可以利用这些单元测验题对特殊儿童进行考核，将单元测验的结果纳入最终的考核成绩当中。单元测验题的出现不仅可以帮助教师了解学生掌握知识的程度，还能对学生的学习内容进行全方位的检测。教师还可以建立一个评价反馈机制，以便及时调整教学策略。

### （五）提高指导教师的实践能力

指导教师是开展特殊教育的关键人物，也是提升特殊儿童实践能力的关键因素。"语言康复训练"课程可以通过引进应用实践型人才和选拔一批有意愿的教师来提升教师的能力。除此之外，学校还可以与一些一线的特殊教育机构进行合作，从而不断提升自身的教学实践水平。

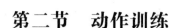

# 第二节　动作训练

## 一、动作教育与训练概述

### （一）动作教育与训练的含义

动作教育与训练是指为知觉动作过程存在障碍的个体提供有针对性的动作教育与训练。本节将动作教育、动作学习和知觉—动作训练视为同义语。知觉—动作障碍表现为特殊儿童不能获得与年龄相称的动作经验，从而导致身体有效运动所需的动作技能不足、身体意识差、注意力涣散、多动等诸多心理、行为问题及学习障碍。这种情况在许多学习障碍、多动症、智力障碍儿童或少部分正常儿童身上都有表现，因此动作教育备受心理学家、医务工作者、特殊教育教师、幼儿教师及家长的关注。

### （二）动作教育与训练的意义

1. 儿童的动作经验对身心发展有重要影响

个体早期的动作经验对以后的发展有重要的意义。首先，儿童的动作经验是其"智慧大厦的基石"。这主要表现在两个方面：一方面，儿童动作的发展是在神经中枢、神经和肌肉的控制下进行的，与儿童大脑和神经系统的发展有着密切关系；另一方面，婴幼儿主要通过感官和自身动作探索世界和认识自身与环境的关系，因此在儿童早期，动作的发展也是心理发展的主要标志之一。在婴幼儿智能发育测查中，粗大动作和精细动作一直是检查的重要方面。其次，早期的动作经验对儿童自我意识、社会认知和情感发展都有潜在的促进作用。正是通过动作，婴幼儿与周围环境才发生了相互作用，从而获得了自我意识，并对周围环境中的人和事形成了初步的印象。最后，幼儿动作发展与日后学习能力发展也是密切相关的。动作教育与训练为成功的学习创造机会，而且早期成功的动作经验也会增强幼儿对自己智力的信心，这会改善他们的学业表现。对于 3～5 岁幼儿而言，其身体动作发展的基石包括如下 8 项重要的动作经验：①跟随动作指令；②描述身体动作（使用语言）；③非移动式的身体动作（不用移动身体的重心）；④移动式的身体动作（需要移动

身体的重心）；⑤与物体一起做身体移动；⑥在身体动作中表现出创意；⑦感受及表达节拍；⑧与别人一起随着一般的节拍做动作。可以这样认为，儿童的发展始于感觉、运动的体验，并且通过这种体验来孕育各种能力，所以动作教育也就成为儿童的基础教育，成为儿童全面发展教育目标中必不可少的一个领域，因而广受瞩目。

2. 改善知觉与动作进程，促进特殊儿童的发展

许多有特殊教育需要的学生都有知觉—动作方面的不足。为了克服这些特殊儿童知觉—动作进程上的障碍和促进他们的发展，动作教育成为特殊教育的重要内容。动作教育在特殊教育中具有重要意义。教师应该探索"特效"的教育方法，以促进特殊儿童的健全发展。对于幼儿或障碍儿童而言，动作教育就是有效的教育方法。动作教育可以使特殊儿童在毫无身心"负担"的情况下，习得很多在发展过程中所必需的动作，又通过各种动手操作，去获得将来学习更复杂的事物的"准备条件"。

## 二、凯法特的知觉—动作教育教材和方法

从事动作教育理论和方法研究的学者很多，如《特殊教育辞典》中列举了比较著名的凯法特、蒙台梭利、华莱特、布瑞勒和弗洛斯蒂，等等。下面简要介绍评价较好的凯法特的知觉—动作评估工具和教学活动。

凯法特（Kephart）于 1936 年取得博士学位，是一位心理学家，擅长以浅显易懂、易于接受的方式为教师提供课堂教学方法。他是 20 世纪 60年代"知觉—动作训练"的领导人之一。1968 年从普渡大学退休后到去世之前，他一直在科罗拉多州的福特科林斯的一所特殊儿童学校担任领导，致力于特殊儿童教育工作。他根据赫布、施特劳斯、温纳、皮亚杰、蒙台梭利的著作，提出知觉—动作是一切学习的基础，知觉的发展可以通过动作活动和相应的感知反馈而发生。

### （一）普度知觉—动作调查表

知觉—动作教育与训练的内容和方法可以多种多样，但评估应该标准化，以便于比较。凯法特设计了用于评定个体动作发展的"普度知觉—动作调查表"。该调查表可以通过对观察获得个体的动作发展的印象进行量化，从而比较客观、准确地评价个体知觉—动作的发展。调查表采取

个别测试的方法，一名主试者只能面对一名受试者，进行面对面的观察与评价。调查表的目的是了解特殊儿童现有动作技能、身体意识以及心理机能的发展水平或者表现程度，为因材施教和动作教育与训练提供"教育线索"，也可以用于动作教育与训练前后效果的评估与比较。为了便于读者参考，我们对周台杰根据罗奇和凯法特的著作编译的普度知觉—动作调查表内容进行如下介绍。

1. 平衡与姿势

（1）走木板

①受试者年龄：无年龄限制。

②器材：厚 5.08 cm、宽 10.16 cm、长 2.44 m 到 3.66 m 的木板一块；木板两端各放置一离地 15.24 cm 高的木架；将木板架上，让儿童在 10.16 cm 宽的木板上行走。

③方式。

a. 要求受试者站在木板上，从一端走到另一端。

b. 要求受试者倒退着走，从一端走到另一端。

c. 要求受试者在木板侧边走，从一端走到另一端。

（2）跳跃动作

①受试者年龄：所有学龄特殊儿童都可以做该测验的 8 个项目。

②器材：无。

③方式：最好在一间空的教室。主试者要做动作示范，特别是第 5 个到第 8 个项目。如果受试者无法理解主试者的口头指示，而要求主试者做示范动作，属于正常，不应扣分。

a. 双脚同时跳：要求受试者双脚并拢，向前跳一步。

b. 右脚单脚跳：要求受试者以右脚单脚站立向前跳，左脚不能碰地。

c. 左脚单脚跳：要求受试者以左脚单脚站立向前跳，右脚不能碰地。

d. 跑跳：要求受试者沿着室内墙壁周围跳跑一圈。

e. 交换跳：要求受试者右脚跳一次，再换成左脚跳一次，如此反复循环跳 30 秒。

f. 右脚两次、左脚两次交换跳：要求受试者右脚连续跳两次，再换左脚跳两次，如此反复循环交换跳至少 30 秒。

g. 左脚两次、右脚两次交换跳：要求受试者左脚连续跳两次，再换右脚跳两次，如此反复循环交换跳至少 30 秒。

h. 右脚一次、左脚两次交换跳：要求受试者右脚跳一次，再换左脚连续跳两次，如此反复循环交换跳至少 30 秒。

2. 身体形象与区别

（1）指认身体部位

①受试者年龄：所有学龄特殊儿童。

②器材：无。

③方式：受试者面对主试者站立；主试者指示受试者做以下动作（两手同时触摸身体部位）。

a. 摸你的肩膀。

b. 摸你的臀部。

c. 摸你的头。

d. 摸你的足踝。

e. 摸你的耳朵。

f. 摸你的腿。

g. 摸你的眼睛。

h. 摸你的嘴巴。

（2）模仿动作

①受试者年龄：所有学龄特殊儿童均可。

②器材：无。

③方式：受试者站在距离主试者 0.61m 的地方，主要移动其双臂做出 17 种动作，受试者依次进行动作。

（3）通过障碍。

①受试者年龄：所有学龄特殊儿童均可。

②器材：一根长约 0.91 m 的棍子和可以搁置棍子的架子（如靠背椅）。

③方式。

a. 将棍子横置，与受试者膝部同高，然后要求受试者跨越棍子。

b. 将棍子横置于受试者肩部下 5.08 cm 处，然后要求受试者从棍子下面穿过。

c. 将棍子横置与墙壁垂直，靠墙的一端留出能够让受试者通过的距离，然后要求受试者侧着身体通过，而身体不能碰到棍子或者墙壁。

（4）俯卧举头、俯卧举腿

①受试者年龄：所有学龄特殊儿童均可。

②器材：小枕头一只，垫子或地毯一条。

③方式。

a.受试者俯卧在垫子上，主试者将小枕头置于受试者的腹部下，要求受试者将双手握紧放在颈后，然后主试者按住受试者的双脚，令受试者抬起头部、肩部及胸部，并且保持此姿势至少10秒。

b.受试者俯卧在垫子上，双臂枕在脸上，主试者将小枕头置于受试者的腹部下，然后主试者用手按住受试者的背部，要求受试者两腿伸直并抬起，距离地面大约25.4 cm，并且保持此姿势至少10秒。

（5）仰卧伸展

①受试者年龄：所有学龄特殊儿童均可。

②器材：小枕头一只，垫子或地毯一条。

③方式：受试者面朝上躺在垫子上，双脚靠拢，双手自然地放在身体两侧。首先要求受试者沿着地面移动其双手至头的两侧，两臂注意保持伸直状态；接着要求受试者将两腿伸直并尽量张开，但脚跟不离开地面。待受试者完全明白操作步骤之后，连续完成以下动作。

a.将右手移回身体的右边。

b.将左手移回身体的左边。

c.将右腿收回。

d.将左腿收回。

e.将两手移回头部。

f.将两腿伸开成原来的姿势。

g.将左手、左腿靠回身体左侧。

h.将右手、右腿靠回身体右侧。

i.将右手、左腿向外伸展。

j.将左手、右腿向外伸展。

3.知觉—动作配合

（1）黑板上作画

①受试者年龄：所有学龄特殊儿童。

②器材：大黑板一块，粉笔两支。

③方式（主试者不可做示范动作）。

a.单手画圆圈：要求受试者用一只手在黑板上画一个圆圈。主试者应观察受试者的下列行为表现：利手、图形大小、圆形位置、正确性及

画圆的方向。

b. 双手同时各画一个圆圈：要求受试者两手各握一支粉笔，双手同时在黑板上各画一个圆圈。主试者应观察受试者下列行为：两圆大小、位置，双手移动的方向，图形的正确性，受试者的注意力，以及两手的同时性和协调性。

c. 画横线：主试者在黑板上受试者肩部的高度处画两个相距 50.8 cm 至 76.2 cm 的"×"记号。在主试者画记号时，要求受试者转身，使受试者无法看到所做的记号。等到两个记号被画好以后，再让受试者转身并站在两个"×"记号的中间位置，然后要求受试者在两个"×"记号之间画一条横线将两个"×"记号连起来。此时，主试者要观察受试者身体移动的方向和受试者所使用的手。

d. 画直线：主试者在黑板上大约受试者头上，即其手臂必须伸直才能达到之处，画两个"×"记号；然后，让受试者双手各握一支粉笔，要求受试者从两个"×"记号处同时开始由上向下画两条直线。在受试者画直线的过程中，主试者应该观察受试者有无不平衡的动作或者所画直线有无弯曲的情况。

（2）韵律书写

①受试者年龄：8 岁以上特殊儿童。

②器材：黑板及粉笔。

③方式：受试者站在主试者的旁边，两人同时面对着黑板。主试者在黑板上画一些设计好的图形，然后要求受试者在主试者所画图形下边仿画。在主试者正式评估受试者所画的每一个图形之前，受试者均可有一次练习的机会。

4. 追视

（1）受试者年龄：所有学龄特殊儿童。

（2）器材：钢笔式手电筒及眼罩。

（3）方式：受试者面对主试者而坐，主试者与受试者之间不能有任何桌、椅等障碍物。如果受试者是戴眼镜者，此时也依然戴上。主试者将手电筒正对着受试者面部，距离受试者的双眼大约 50.8 cm，然后要求受试者注视移动中的灯光。

①两眼追视：主试者告诉受试者要注视移动的灯光，然后将灯光移至受试者眼前 50.8 cm 处，沿着弧线移动。这里应该注意的是，移动的起

点应该是受试者两眼的中间，向左或向右移动大约 45.72 cm。然后，再将灯光上下移动大约 45.72 cm。最后，再做对角线的移动，即左上到右下以及右上到左下。

②右眼追视：将受试者左眼用眼罩遮住，然后重复项目①动作。

③左眼追视：将受试者右眼用眼罩遮住，然后重复项目①动作。

④视力集中性：取下受试者的眼罩，以便检查双眼。主试者将灯光放在正对受试者眼睛大约 6.1 cm 的远处，然后将灯光慢慢朝受试者的鼻子移动到大约 1.2 cm 处停下来，观察受试者眼睛的变化；接着再测量受试者眼睛在不同距离时的注视力。主试者要求受试者先看自己，再看受试者眼前的灯光，以便观察受试者的眼睛从远距离到近距离改变时的变化。

**（二）凯法特的知觉—动作教学活动举例**

根据周台杰介绍，有关知觉与动作的教学活动和补救教学，凯法特将其归纳为五类：手部协调、使用剪刀活动、阅读的准备活动、书写活动和计算的准备活动。下面介绍手部协调动作教学内容和方法。

1. 第一阶段：手部大动作

（1）教儿童使用手势讲故事或唱一首歌。

（2）准备一个工具箱，教特殊儿童正确操作工具，比如使用锤子锤木头，同时教他们如何适当保养工具。

（3）指导特殊儿童做下列动作。

①跳绳。

②划船动作。

③摇上和摇下车窗玻璃。

④结绳。

⑤游泳。

⑥擦地板或者擦墙壁。

⑦打篮球。

⑧打开瓶盖。

⑨用手摇脚踏车的踏板（将脚踏车放倒）。

⑩洗碗筷、碟子。

2. 第二阶段：手部特殊动作

（1）穿大珠子游戏。

（2）用手指作画（以食指作画，其他手指保持握拳姿势，以便增加手腕和手臂的运动）。

（3）用粉笔画图画。

（4）用黏土或者泥土塑造各种形状（造好以后要让儿童观赏，以强化其行为）。

（5）打保龄球（可用空罐子及垒来代替）。

（6）让特殊儿童双手握住一根棍子，然后往上、下、左、右方向移动，教特殊儿童感受双手的移动。

（7）玩算手指游戏（比如做计算练习）。

（8）配合音乐做有韵律的拍手。

（9）将棒球或者垒球放在特殊儿童的手掌上，然后旋转手腕而球不会掉在地上。另一种方法是将球或某物体从一个手掌换到另一个手掌上。

（10）撕纸片。教特殊儿童将纸撕成两半，同时可以教"一半"和"两个"的概念。另一种方法是教特殊儿童将纸撕成各种形状等。

（11）教儿童将各种不同大小的厚纸片装入信封中。与信封口大小越相近的厚纸片越被难装入，这是训练特殊儿童感知形状及大小关系的好方法。比如，问特殊儿童这样的问题："这张纸比信封大吗？"

（12）在黑板上画各种图形。

（13）让特殊儿童操作，如开门把手、门锁，以及开或者关窗户。

（14）用打孔机在纸上打洞。先用一张纸，然后再渐渐增加纸张。

（15）让特殊儿童去接一些重量很轻的球，如气球、纸球等。

（16）用手拿物体，最好是重心不稳的物体。比如，先用一只手端一杯水，然后两手各拿一杯水。

3. 第三阶段：手部精细动作

（1）折纸。特殊儿童开始做这项精细活动时可能会有一些困难，但是折纸是最好的协调眼手、手的力量及空间知觉方面的训练方法。刚开始，先教特殊儿童对折及斜折等较为简单的动作，然后再教较为复杂的折纸动作。

（2）穿洞洞板。将一张硬纸板剪成圆形，沿着圆周打孔，然后用绳线将这些孔洞穿起来。

（3）练习扣纽扣、拉拉链及系鞋带。做这些练习时，尽量不要在特殊儿童自己的身上，最好采用另外的练习物。另外，最好能用两条颜色不同的鞋带，因为通过操作这些不同颜色的鞋带，可以增强特殊儿童的注意力。

（4）利用包装纸练习将东西包起来。

（5）将水注入不同的容器，如瓶子、碗、桶等。口越小，越难倒入。

一名正常发育的儿童，在成熟、个体与环境的相互作用下，都会很"自然地"获得许多动作并将它们转化成一种自动的、迅速的、正确的、柔和的动作技能，而一名特殊儿童要想获得这些正常儿童在"自然环境下学会"的动作技能则需要专门的训练。从凯法特提供的眼手协调动作教学举例中也可以看到，动作教育与训练内容应该结合特殊儿童的生活实践和特殊儿童的特点来进行。

# 第三节　感官训练

## 一、感觉教育与训练概述

### （一）感觉教育与训练的含义

在特殊教育领域，感觉教育与训练是指在特殊教育和康复活动中有计划、有步骤地培养、提高特殊儿童各种感觉器官的感知觉能力。感觉教育也可翻译为感官训练，如蒙台梭利在其著作中就将"training of sense"（感官训练）和"sensorial education"（感觉教育）等同，本节也视感官和感觉为同义词。当然，这里的感觉不只限于普通心理学中所说的，即感觉是指对直接作用于感觉器官的事物的个别属性在脑中的反映，而是有更为广泛的内涵。

### （二）感觉教育与训练的意义

各类特殊儿童都有感觉教育与训练的需要，但是不同类别的特殊儿童有不同的特别需要，如听力障碍儿童特别需要听力和言语训练，视力障碍儿童特别需要听和定向技能训练等。

适用于普通、发育迟缓和智力障碍等各类儿童的感觉教育与训练的方法，实质上是针对特殊儿童的视觉、听觉、皮肤感觉、动觉、平衡觉等感觉器官提供适当而丰富的刺激，以促进特殊儿童感知觉及身心的健全发展。许多教育家都很重视特殊儿童的感觉教育与训练，如伊塔尔、塞甘和蒙台梭利。他们都将感觉教育与训练放在特别重要的位置，认为感觉教育的目的不是让特殊儿童掌握有关的概念与知识，例如，颜色的名称、几何形状的定义等，而是让特殊儿童通过比较和判断的练习，使其感觉敏锐，从而为智力教育打下基础。其中，蒙台梭利的感觉教育理论与实践更具代表性，一则因为蒙台梭利的感觉教育观点集合了伊塔尔和塞甘的理论与具体的训练方法，这在蒙台梭利的著作中经常被提到，蒙氏教具中甚至还有以塞甘命名的塞甘板；二则因为蒙台梭利还设计了一套比较系统的教具，这套教具迄今为止仍在世界各地的学前教育机构和特殊教育学校中应用。因此，本节所介绍的感觉教育与训练内容以蒙台梭利的理论与实践为主。

## 二、蒙台梭利的感觉教育

蒙台梭利关于感觉教育与训练的观点在很大程度上由其特殊儿童发展观所决定。她认为，特殊儿童具有强大的内在潜力，具有"吸收性心智"，都有渴望学习、希望能独立自主的特性。她坚信"特殊儿童已掌握了大自然的秘密，而教育是个人自然实现的一个自然创造过程"。鉴于此观点，蒙台梭利的感觉教育具有如下特点。

### （一）早期干预原则

蒙台梭利的感觉教育首先体现了对特殊儿童进行早期干预的原则。她认为，特殊儿童发展的第一个阶段（0～6岁）是特殊儿童个性形成最重要的时期，最基本的特征是出现一个又一个"敏感期"，其中就有感觉敏感期。在此期间，特殊儿童的各种感觉特别敏锐，一旦疏忽，这种敏感性就会永远失去，因此感觉教育与训练是早期教育和干预的重要内容。她在其著名的《童年的秘密》（*The secret of childhood*）一书中指出："特殊儿童独特的内在敏感期使他能够从复杂的周围环境中选择适合于自己发展的内容，而敏感性就像一缕照射在这些对发展而言是如此重要的事

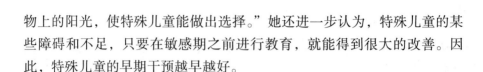
物上的阳光，使特殊儿童能做出选择。"她还进一步认为，特殊儿童的某些障碍和不足，只要在敏感期之前进行教育，就能得到很大的改善。因此，特殊儿童的早期干预越早越好。

### （二）个别化活动

蒙台梭利的感觉教育教具和方法可用于特殊儿童和正常儿童。她认为，特殊儿童和正常儿童在幼年阶段相似，"在这个阶段，一个没有力量去发展的儿童和一个还没有得到发展的儿童从某种意义上来说是相同的"。但是进行感觉教育与训练的时候，应注意个别差异。她教过智障儿童和正常儿童，她的经验是"同样的教具实施于智力障碍儿童可使其教育获得可能性，用于正常儿童则能激发自动教育"。所以，在感觉教育和训练时，教师要从特殊儿童的身心发展特点出发，结合特殊儿童的敏感期及个体差异，采取与之相应的教育和训练步骤与方法。因此，蒙台梭利的感觉教育都是在个别化的操作活动中进行的。特殊儿童可以自由地根据自己的喜好与能力选择教具，进行操作，在操作中学习蕴含在教具内的内容，提高感觉的敏锐性，至于操作的时间也完全由特殊儿童自己掌握，而教师则在一旁观察，在必要的时候提供指导。这种在个别化的活动中进行和完成的感觉教育，充分体现了对特殊儿童个体差异的尊重。

### （三）自我教育

蒙台梭利在其不同时期的各种著作和演讲中一直强调，儿童内在生命力的自发冲动是通过自发活动表现出来的，而儿童的自发活动又是使教具与儿童的敏感期相结合的关键，所以她强调训练必须由特殊儿童自己操作，给特殊儿童以活动的自由，外人尽量不要干预，以发展特殊儿童的自主性。她认为："人之所以成为人，不是因为教师的教，而是因为他自己的做。"

为了保证特殊儿童能自主地进行活动，蒙台梭利设计的教具本身都具有"错误控制"的功能，如果发生错误操作，教具会给他提示。蒙台梭利认为，正是因为教具具备控制错误的功能，才使特殊儿童在操作过程中能根据教具的暗示进行自我教育，从而提高了特殊儿童在观察基础上的分析和推理能力，使感觉教育能有效地促进特殊儿童感知觉的综合能力——观察力的发展。

### （四）向智力教育的过渡

蒙台梭利一直认为感觉教育是一种自动教育，如果反复多次进行练习，就会完善特殊儿童感觉的过程。但感觉教育并不是教育的目的，她说"智能的培养首先依靠感觉，利用感觉收集事实，辨别它们。感觉练习是初步的基本智力活动"，教师必须引导特殊儿童从感觉走向概念，即必须向智力教育过渡，使感觉教育与阅读、算术、书写等联系起来。因此，我们可以发现蒙台梭利感觉教育的另一个重要特征——与智力教育紧密结合，例如，对几何形状的感知就是为数学学习做铺垫。

蒙台梭利将感觉教育和读、写、算等教育有机地结合在一起，使特殊儿童在没有压力的情况下进行学习，这在当时取得了显著的效果。

自蒙台梭利的感觉教育取得世界性关注以来，人们对它的评价一直是毁誉参半。有人认为，这种"孤立地进行个别感觉训练，割裂了特殊儿童的认识活动""利用特制的教具进行教育，会使特殊儿童的认知与现实的世界相脱离，不利于特殊儿童认知能力和自由创造的发展"。的确，如果以现代教育理论的观点来评判蒙台梭利的感觉教育，会发现其理论基础与教育方法的不足，但是迄今为止，她的感觉教育及为之设计的教具仍为人们所借鉴。就其教具的实际效果而言，人们普遍认为其具有某些优越性，如儿童能获得较高的基本学习技能和操作技能；学习时比较专心；在学习条件相差不大的情况下，蒙台梭利学校的学生学习成绩比较好，尤其是对于有缺陷的特殊儿童而言，效果更好。

总之，蒙台梭利感觉教育和训练的教具及方法对普通儿童和特殊儿童的教育产生了很大的影响。虽然她的方法有不足之处，但是她通过感觉教育充分利用特殊儿童的敏感期，使特殊儿童的智力充分发展并取得了一定的效果，尤其是通过感觉教育能及时发现特殊儿童的某些缺陷并及时补救，从而改善他们的现状。蒙台梭利从视听障碍者的发展中，看到了感觉教育在缺陷补救中的巨大作用。她在《蒙台梭利儿童教育手册》一书的自序中引用海伦·凯勒的事例时说："海伦·凯勒的事例表明了感觉教育使人们被禁锢的心灵获得解放，而这正是本书所阐述的教育方法的根基所在。如果仅仅一种感觉就足以造就出像海伦·凯勒这样一位具有卓越文化的妇女及女作家的话，那么还有谁能比她更有力地证明建立在感觉教育基础上的教育方法的效力呢？"

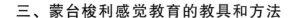

### 三、蒙台梭利感觉教育的教具和方法

蒙台梭利教具是指在"蒙台梭利教室中运用的，帮助教师达到教学目标的材料，包括蒙台梭利专门设计，以及蒙台梭利教师按照蒙台梭利教学原则自制的教具"。蒙氏教具经过蒙台梭利及其儿子马里奥·蒙台梭利不断地改进，到目前为止，在学前教育部分已包括了五大系列（日常生活训练、感觉教育、数学、语言和文化艺术），有上千种教具、学具，并在世界各地设有专门的制造公司。蒙台梭利对教具本身也做出了一些比较严格的规定，例如，大小必须适合儿童操作；对儿童具有吸引力；教具呈现必须按照由简单到复杂、由具体到抽象的顺序进行；教具本身必须能提供操作正确与否的提示；等等。下面我们根据英国伦敦的"St. Nicholas"蒙台梭利中心的1995年0～6岁蒙台梭利教师培训教程，列举一些由蒙台梭利专门设计的感觉教育教具，并对训练方法进行具体的介绍。

#### （一）视觉辨别能力训练的教具和方法

视觉辨别能力的教育与训练主要分两个部分：对物体线性尺寸的感觉和颜色感知，共有5组教具。

1. 物体线性尺寸感觉的教育与训练

（1）圆柱体插具

圆柱体插具包括4套实心的木制品，各有一列10个圆柱体和一块有10个洞可插放圆柱体的木板；每个圆柱体都有提钮。第一套10个圆柱体在直径与高度两个维度上发生变化，随着直径以0.5 cm逐个递减，高度依次递增，其中最粗的圆柱体直径5.5 cm；第二套10个圆柱体与第一套一样，在直径与高度两个维度上同时发生变化，但是随着直径的递减，高度也依次递减；第三套10个圆柱体的高度不变，但直径递减；第四套10个圆柱体直径不变，高度递减。该教具适合两三岁的特殊儿童。

这种训练可以使特殊儿童用眼睛分辨圆柱体外观的不同。通过练习，特殊儿童一眼就能认出哪个洞眼能配合手中的圆柱体。蒙台梭利认为，这个活动能激发特殊儿童的智力。上述教育过程是基于这样的信念：特殊儿童依靠教具来发现和修正错误。特殊儿童一旦明白了作业的要求，

产生了完成作业、获取成功的愿望，他就会自己改正错误。掌握正确的方法不是靠教师，而是靠特殊儿童自己的智力劳动，自我教育过程即由此开始。此外，该项活动还能促进特殊儿童的手眼协调能力和精细动作的发展。

活动开始时，教师可以指导，但仅限于告诉特殊儿童把圆柱体取出放在桌子上小心移动，然后告诉特殊儿童把圆柱体放回原位。教师自己并不完成此动作，但可以让特殊儿童观看同伴的操作，鼓励其模仿。教师再观察特殊儿童如何为散在桌子上的圆柱体分别找到自己的"家"。通常，特殊儿童先是尝试，可能把一个太大的圆柱体放在某个洞口上，之后，他把这个圆柱体移到其他的洞口，直到应声而落；相反的情况也可能发生，手中的圆柱体滑落进一个不属于自己的位置。特殊儿童如没有发觉，最后就会剩下一个无家可归的圆柱体，这便是该套教具的错误控制。这时，儿童知道自己犯了错误，会感到困惑，会面对这个引人入胜的问题陷入沉思。他会去摸这个圆柱体的小提钮，发觉四周有空隙时，会猜想圆柱体放错了，并尝试放回其真正的"家"。他会一直尝试，直到完全做对。蒙台梭利发现，有的三四岁的特殊儿童会兴致不减地重复40次。

在特殊儿童完成第一套圆柱体的活动和操作后，教师可以继续其他套圆柱体的教学。形状各异的圆柱体会重新引起特殊儿童的注意和兴趣。

（2）粉红塔

粉红塔包括10个粉红色木制的立方体，立方体的边长从10 cm到1 cm递减。适合三岁以上儿童操作。

蒙台梭利认为，该套教具主要是让特殊儿童在进行视觉辨别的同时，能配合以相应的肌肉感知。因为该教具中最大的一个立方体要特殊儿童用双手才能拿起，而最小的一个立方体只能用两个手指捏，从而进一步加深特殊儿童对物体大小的感受。

教师要求特殊儿童用这些立方体建一座塔，先把最大的一块放在铺有地毯的地板上，然后在其上面依照立方体的尺寸，从大到小依次堆放。如果发生错误，那么在搭建过程中容易坍塌。塔建成之后，特殊儿童常常用手把它推倒，然后重新搭建。

（3）棕色阶梯

棕色阶梯材料包括10个棕色的木制正四棱柱，长均为20 cm，棱柱

底面正方形的边长从 10 cm 到 1 cm 递减。特殊儿童将放在浅色地毯上的 10 块棱柱体按正确的顺序往桌上摆放，可以从最厚的一块开始，也可以从最薄的一块开始，最后形成一个阶梯。

（4）长木条

长木条教具包括 10 根红色的木条，木条底面均为边长 4 cm 的正方形，长度从 10 cm 到 1 m 递增，每根的长度差为 10 cm。特殊儿童把 10 根木条散放在地毯上随意混合，然后要求通过比较，依长短顺序，将其排列成管风琴状。教师的指导如前面圆柱体插件一样，先做示范，后由特殊儿童自己操作或模仿别的特殊儿童，对特殊儿童搭建木条所犯的错误应尽可能少干预，要多让特殊儿童亲自实践改正错误。总有一天，特殊儿童能正确依序摆放好所有木条，并体会到成功的快乐。蒙台梭利将本套教具视为对特殊儿童进行数学概念教学的准备，因为将木条（最短的一条除外）涂上每格 10 cm 的红、蓝相间的颜色，就可以教特殊儿童认识从 1 到 10 这几个数字。

2. 颜色感知的教育与训练

颜色感知的教育与训练主要通过"颜色盒"系列教具进行。学习材料是三盒木制的用途各异的色块，第一盒有 6 块，分别为红、蓝、黄各两对；第二盒有 11 对共 22 块，颜色分别为红、黄、蓝、橙、绿、紫、粉红、灰、棕、黑和白色；第三盒装有 63 个不同颜色的色块，共有 9 种颜色，每种颜色又细分为由浅至深的 7 个层次。

练习的第一步是颜色配对。儿童从第一盒的彩色木块堆中挑选出两个颜色相同的木块，然后两两并放。教师通常把色块混合，然后拿出一个木块，如可能是一块红色的，就请特殊儿童从木块堆中也选出一块红色木块。之后，教师把这对彩色木块放在桌上，然后再拿蓝色的木块让特殊儿童配对。当特殊儿童能够完成第一盒的任务后，便可使用第二盒。这种配对练习可以增加到 11 对，而特殊儿童相应地能够认识 11 种不同的颜色。当特殊儿童能认出完全相同的颜色之后，教师便可以一次把同一色系的 7 个色块放在特殊儿童的面前，让特殊儿童练习分辨每一种颜色的各种色度。教师可以拿蓝色系列 7 块深浅不同的方块做示范，从颜色最深的开始一一排列，让特殊儿童明白"该怎样做"，之后，让特殊儿童主动练习。如果特殊儿童常常搞错，表明他还不能分辨色度，但教师不要打扰他，只有多练习，才能使特殊儿童的分辨能力日益提高。

教师可以从两方面帮助特殊儿童学习：第一，提醒他每次都从一堆方块中挑选出颜色最深的，这样，特殊儿童有一定的方向感可依循；第二，教他注意相邻的两种颜色并进行对比。特殊儿童会乐意反复练习，最后能把 63 色混合，然后正确地排成一个色轮。对于较大年龄的特殊儿童而言，这种色彩感受训练活动可以发展为"色彩记忆"训练。

### （二）触觉能力训练的教具和方法

蒙台梭利触觉能力教育与训练的材料可分为两类，第一类为手部触觉的训练；第二类为压觉（重量觉）的教育与训练。

1. 手部触觉的训练

（1）触觉板。蒙台梭利触觉板共有 4 块，第一块为长方形木板，上面分为粗糙的和光滑的两部分；第二块则是贴有 6 条光滑和粗糙相间材料的木板；第三块触觉板上贴有 4 种光滑的材料；第四块则是由 4 种粗糙材料组成的木板。

特殊儿童先学会用冷水和肥皂洗手，然后教师握着特殊儿童的手，轻轻地使其指尖触摸粗糙和光滑的两部分表面。教师无须解释，可以用话鼓励特殊儿童用手体会粗糙和光滑表面的不同。若特殊儿童感受到了，他会轻轻地重复此动作。练习完第一块触觉板后，可依次进行各块的练习。

（2）砂纸和织物的触觉练习。收集各种质地的砂纸卡片和各种质地的布料，如天鹅绒、丝、缎、羊毛料、棉布、或粗或细的亚麻布等，将它们剪裁成相同的形状，用与触觉板同样的方法让特殊儿童练习。

蒙台梭利认为通过这样的练习，特殊儿童能够熟悉不同质地材料的组织结构和纹理，能提高特殊儿童触觉的敏感性，同时间接地为特殊儿童将来的书写能力打好基础。

2. 压觉（重量觉）的教育与训练

教具是不同重量的小木板，被称为压觉板。这套教具中的木板大小相同，但因为质地不同，所以重量各不相同，但可以用不同颜色加以区别。使用时，让特殊儿童拿起一块木板，手心向上，细心地把木板平放在四个指头上。这时，特殊儿童的手会上下移动，好像在掂物体的重量似的，要求动作尽可能轻。随着特殊儿童感知物体重量能力的提高和注意力的集中，小动作会逐步减少，多次练习之后，几乎不用任何手的动作来感知时，练习就算成功。特殊儿童熟悉之后，便喜欢蒙上眼睛，自己反复练习，把较重的木板放在右侧，较轻的木板地放在左侧。当拿下蒙眼睛的手帕时，他可以根据木板的颜色知道是否犯了错误。

**（三）听觉能力训练的教具与方法**

听觉能力训练教具为听觉筒和音乐铃等。同时，蒙台梭利还特别提倡用"寂静课"来训练听觉。

1. 听觉筒

材料包括一对木盒，分别装有 6 个圆筒，筒中分别装入不同的材料，如细沙、小石、大豆等。摇晃时，筒会发出不同的碰撞声，有的声音很大，有的则几乎听不见。这些圆筒是配套成双的。练习时，先要求特殊儿童辨认同等强度的声音，把声音相同的配对；然后要求将一种声音与另一种声音做比较，根据声音大小排成一列。蒙台梭利认为，这套教具适用于 3 岁半以上的特殊儿童。

2. 音乐铃

音乐铃是一套非常精致的音感教具，由 16 只各种音阶的音乐铃和五线谱绒布板组成，其中 8 只为白色底座，另 8 只为棕色底座。操作时，教师应指导特殊儿童如何正确地使音乐铃发出声音，然后要求特殊儿童将白色底座与棕色底座的同样音高的铃进行配对，完成后再进行音高的排列，最后还可以利用音乐铃进行记忆游戏。

3. 寂静课

蒙台梭利还特别重视"寂静教育"，在寂静课上，要求特殊儿童用适宜的姿势静坐不动，在寂静中听以前未曾注意的微小声音。寂静课的目的在于感知过去被忽略的声音，同时能够培养特殊儿童集中注意力的习惯。寂静课一般以点名作为结束，由教师或一位特殊儿童，站在全班同学后面或隔壁房间，一个一个地叫静坐着的同学的名字，而被叫到名字的同学必须站起来并找到发出声音的地方。简言之，寂静课就是让特殊儿童理解寂静时听觉能更精确地感知声音，体会静的安详和无声的优美。

### （四）几何图形辨别能力训练的教具和方法

教具是各种几何图形嵌板。一个有5层抽屉的小橱，每个抽屉中都有6块为一套的几何图形嵌板，边上有小球形把手，图形均为蓝色；抽屉用蓝色纸做底，当几何图形移开时，抽屉底部有与几何图形相同的形状。5个抽屉里的几何图形嵌板分别如下。

（1）6个直径递减的圆形。

（2）1个正方形和5个矩形，矩形的长与正方形的边长相等，宽则依次递减。

（3）6个边长或内角大小不同的三角形（等边三角形、等腰三角形、不等边三角形、直角三角形、钝角三角形、锐角三角形）。

（4）6个规则多边形（五边形、六边形、七边形、八边形、九边形、十边形）。

（5）6个变体圆形或四边形（卵圆形、椭圆形、斜方形和梯形等）。

这些从伊塔尔和塞甘的方法中发展来的几何图形嵌板可用来培养幼儿的立体辨别感觉，即通过视知觉和触知觉来辨认物体的能力。用这些几何图形嵌板进行训练时，许天威等人介绍了以下几种方法。

（1）将少数的不同几何图形嵌板给特殊儿童看，要求他辨认，先是形状差异比较明显的，如圆形、三角形和方形，然后逐渐呈现相似的图形。

（2）将整盘的几何图形嵌板拿出来，像使用圆柱体插具一样，把盘中的6个嵌板取出，由幼儿放回原处。这种游戏方式可以促进特殊儿童辨认相似图形的异同，建立形状知觉。

（3）要求幼儿用食指和中指沿着几何图形嵌板的边缘仔细触摸，然后放入相应的嵌框内。这种训练有助于特殊儿童认识几何图形轮廓，为学习字母做准备。

（4）蒙着眼睛操练这些几何图形嵌板，训练儿童的触觉。

（5）把形状和尺寸都与几何图形嵌板相同的图形卡片放在桌面上，要求特殊儿童选择适当的几何图形嵌板放在图形卡片上，并仔细检查是否有误。这种训练可以促进特殊儿童对物体的辨别。

（6）把几何图形嵌板与若干实物，如球体、圆柱体、圆锥体、立方体等混合在一起，让特殊儿童操弄并指导他说出各个物体的正确名称，

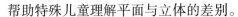

帮助特殊儿童理解平面与立体的差别。

（7）鼓励特殊儿童认识环境中的各种几何形状，如窗户为正方形或长方形，饼干为圆形，等等。

（8）对较年长的幼儿，可以要求他们根据几何图形嵌板绘画各种图形，有助于其书写动作的发展。

综上所述，感觉教育作为"智力活动"的先导，受到了19世纪末至20世纪初特殊教育学家和早期儿童教育家的推崇，并在此基础上设计了许多可供操作的教具。这些教具既可在特殊儿童身上使用，也适用于正常儿童。虽然有关感觉教育的理论一直受到不同方面的质疑，有些理论的确已远远落后于现代的教育理论，但是就其实际效果而言，人们普遍认为这些感觉教育的方法具有某种优越性，尤其是在特殊儿童教育与训练中。

# 第四节　认知训练

## 一、特殊儿童认知训练的内涵

### （一）认知训练的概念

认知训练是指针对各类特殊儿童的认知发展需求，依托一定的活动设计，有目的、有计划、有组织地对特殊儿童施加影响，帮助其积累感性经验，提升其认知能力的过程。认知训练的主要形式是游戏活动，而这种活动与常规的课堂教学活动在本质上有着明显的不同。它要求教师在一种轻松、和谐的氛围中，通过游戏活动的形式激发特殊儿童的参与兴趣，引导特殊儿童通过自己的实际操作去发现问题、解决问题，从而达到积累经验、提升认知能力的目的。

特殊儿童认知训练的根本目的在于通过对个体注意、观察、记忆、想象、空间感知、逻辑思维等基本认知过程的干预，全面培养和提升特殊儿童的综合认知水平，增强他们对日常事务的认识和感知能力，从而能逐渐做到正确地认识外界事物，懂得生活常识、自然常识等，并做出恰当反应。在对特殊儿童的认知能力进行训练时，应该以特殊儿童的认知发展规律为依据，确定训练内容，设计活动形式。

## 二、特殊儿童认知训练的意义

特殊儿童的认知发展规律与普通儿童相比，既有特殊的一面，也有共性的一面。由于身心障碍，特殊儿童各项认知能力的发展可能相对滞后，但是仍可以依照一般的发展阶段向前发展。采用科学与系统的认知训练方法，可以促使特殊儿童的认知能力得到最大化的补偿与发展。

### （一）认知训练是对特殊儿童身心缺陷进行补偿的重要途径

缺陷补偿是指在教育教学活动中，根据特殊儿童的身心特点，综合地利用一切有利的因素，通过各种途径替代、改善、促进或恢复因障碍造成的功能性损伤，进而促进特殊儿童充分发展的活动过程。从这个意义上讲，认知训练是对特殊儿童实施缺陷补偿的重要手段。而且，认知能力的训练不仅可以提高特殊儿童的综合认知能力，还可以提升特殊儿童康复的整体效果及水平。

### （二）认知训练是加快特殊儿童社会化的有效手段

社会化是个体在成长的过程中，通过社会互动，逐步养成独特的个性和人格，从生物人转变为社会人的过程，而这一过程对个体的生存与发展至关重要。就特殊教育的终极目的而言，它追求在最大限度上促进各类特殊儿童的社会融合，使他们能够真正地融入社会。但由于认知活动有缺陷、认知水平低，特殊儿童参加社会实践活动受到限制，活动经验少，这就直接影响了他们社会认知能力的发展以及健康个性的形成，不利于其社会化的正常进行。甚至，有些特殊儿童是非界限模糊、意志薄弱，容易接受暗示，容易受到别人的教唆而做出不正确的事情。

认知训练可以提升特殊儿童的认知能力、思维水平以及推理判断能力，提高他们的社会认知水平，使其在参加各类社会实践活动少受限制，进而加快其社会化发展的进程。

### （三）认知训练可以提升特殊儿童的整体适应能力

特殊儿童的心理发展虽然起点迟、速度慢，最后能达到的水平低，但仍具有一定的可塑性。认知能力训练与否，训练是否得当，对特殊儿

童的发展具有极大的影响。训练得好，能增强特殊儿童对生活的感知和认识，提高他们生活自理的能力、与人交往的能力，甚至接受培训后可以从事社会某项工作，实现生活、生存的自立；反之，听之任之，随着年龄的增长，他们将出现愈加严重的情绪、心理及行为等方面的障碍，给社会、家庭增加更多的压力。

有关研究和康复训练的实践表明，特殊儿童普遍在逻辑思维方面发展滞后，缺乏应变能力，因此，在改善他们的智力和社会适应水平的过程中，认知训练发挥重要的作用。

## 三、特殊儿童认知训练的对象

通常意义上，认知训练适用于所有儿童，但因为特殊儿童认知发展的速度及水平普遍低于普通儿童，所以更有必要对其进行科学，系统的训练和干预。在本书中，我们将认知训练的对象主要限定为各类存在身心障碍的特殊儿童，其中又以感官缺陷儿童和发育及发展性障碍儿童为主。因为不同类型的特殊儿童具有不同的心理特征及认知特点，所以他们具有不同的训练需求，但就认知训练的具体领域而言，训练的内容及要领是相通的。

### （一）感官缺陷儿童

感官缺陷儿童主要指听力障碍儿童和视力障碍儿童。这些特殊儿童由于感知功能或言语功能的障碍而导致认知发展的障碍，在信息加工、语言学习、思维发展、社会交往等方面往往难以或无法适应正常学校教育，需要通过特殊教育和训练促进他们的身心发展。

### （二）发育及发展性障碍儿童

1.智力障碍儿童

智力障碍儿童，是指智力明显落后于同龄普通儿童的发展水平，同时在社会适应方面存在明显缺陷的特殊儿童。根据智商高低，智力障碍可分为四类：轻度智力发展障碍，也称为可教育的智力落后；中度智力发展障碍，也称为可训练的智力落后；重度智力发展障碍；极重度智力发展障碍。

与普通儿童相比，智力障碍儿童由于大脑发育受到不同程度的损害，因此在感知、注意、记忆、思维等诸多领域都表现出明显的差距。所以，这类特殊儿童是认知训练的干预主体，是认知训练的主要对象。

2. 自闭症儿童

自闭症又称孤独症，是广泛性发育障碍的代表性疾病。患有自闭症的儿童往往会表现出三类典型症状，即社会交往障碍、交流障碍、刻板重复的行为方式。他们缺乏主动与人交往的兴趣和行为，对社交常情缺乏理解，对他人的情绪缺乏反应，而且在言语交流方面存在明显障碍。该类特殊儿童对一般儿童所喜爱的玩具和游戏缺乏兴趣，在认知方面存在明显障碍。

3. 学习障碍儿童

学习障碍又称学习困难或学习失能，它属于特殊性发育障碍的一类，在国内外有着不同但相似的界定。在我国，结合教育实际，人们普遍认为学习障碍儿童智力正常，但在学习上缺乏一般的胜任能力，学习效果低下，成绩明显落后于同龄儿童。多数学习障碍儿童存在轻度的生理或心理障碍，主要表现为信息加工效率低、缺乏必要的学习策略、学习动机水平低、焦虑水平高，常常表现出好动、注意力分散、记忆力差、思维缺乏条理、行动不协调、情绪不稳定等特征。还有部分学习障碍儿童可能在听、说、读、写及运算等方面存在明显的困难。

## 四、认知能力训练

认知是一种心理活动，包括知识的获得、储存、转化和使用，是与感知活动几乎同步进行的心理活动，是其他心理活动的基础。认知训练内容主要有物体恒存、模仿、记忆、接受、配对、分类、推理、解决问题和概念理解。

### （一）认识物体的存在

认知物体的存在训练包括找到藏起来的东西、理解图片的意义两个目标。训练器具是特殊儿童熟悉的环境、喜欢的物品；几组内容连续的图片（如一张侧面盆花图和一张正面盆花图），具体方法如下。

（1）训练者将特殊儿童喜欢的一个物品呈现在他面前，然后当着他的面把它藏到一个地方，让他找。

（2）方法同上，但藏的速度要更快、地方更隐秘。训练者边做边叙述："这个哪儿去了？妈妈把它藏起来。"

（3）训练者把两张图片呈现在特殊儿童面前，问他是否是同一个物体（从不同角度看的内容不同）。

（4）让特殊儿童观察图片（小兔在筐外），训练者问："图上有什么？"

（5）让特殊儿童观察图片（小兔在筐里），训练者问："小兔哪里去了，还有吗?"

（6）给特殊儿童讲解："小兔还有，不过是跑到筐里了。"

### （二）物品分类

物品分类训练包括将物品分成两组、将物品分类和按相关功用把物品分类3个目标。训练器具是4张纸、4支笔、4块橡皮，以及勺子、碗、盘、毛巾、脸盆、香皂、帽子、鞋、手套，同时需将食品、玩具、服装、家具不同类别的物品各一份摆在桌上，具体方法如下。

（1）训练者将两个小盘放到桌子上，把一支笔放到一个盘子里，把一块橡皮放到另一个盘子里，每次给特殊儿童一支笔。

（2）训练者指着放笔的盘子，说："请你把笔放进去。"随即逐渐减少指导，直至特殊儿童自己能放，然后依次放橡皮。

（3）让特殊儿童把相同类别的物品放在一起。每次给特殊儿童一张图片，帮他分析，逐渐减少指导，使其建立类别概念。

（4）训练者把每一组物品放在一起，一边放一边说出物品的名称和用途，然后每次递给特殊儿童一件物品，让他放到适当的位置。

### （三）感知物体间常见的关系

感知物体间常见关系的训练包括分辨大小、长短、高矮三个目标。训练器具是带刻度的长尺与短尺、大球与小球，具体方法如下。

（1）用长、短尺进行比较，用大、小球进行比较。

（2）找两位高矮不同的特殊儿童，让他们站在一起进行比较。

### （四）认识颜色

燃石颜色训练包括建立颜色概念、颜色配对、颜色分类 3 个目标。训练器具是多种不同的物品，其中 4～6 个颜色相同（目标颜色），一个小盘，彩色纸与彩色玩具（纯色），不同颜色的小插片或小珠子，小盘。具体方法如下。

（1）训练者把小盘放在桌上，把一个目标色放入小盘并告诉特殊儿童："这是红色的。"待其重复后，再做一遍。

（2）然后递给特殊儿童一个物品，让他重复刚才的动作，再递给他两种颜色的物品，教其把红色物品放入小盘里、非红色物品放在桌上。多次重复，直至特殊儿童建立起"红色"的概念。

（3）训练者把不同颜色的玩具摆放在桌上，给特殊儿童一张彩纸，要求他把彩纸放到相同颜色的玩具上，如果他放错了，就及时指导一下。最初只用两种颜色，熟练后再逐渐增加。

（4）训练者把一堆插片按颜色放在相应的小盘中，让特殊儿童说出插片的颜色。

### （五）认识方位

认识方位训练包括认识前后、左右、上下等目标。训练器具是玩具、图片，具体方法如下。

（1）训练者以一个玩具为参照物，将另外两个玩具分别放在第一个玩具的前后位置，教特殊儿童认识前后位置。

（2）以特殊儿童为参照物，将玩具分别放在他的身前或身后，教其判断前后方位。

（3）当特殊儿童会判断实物后，通过图片练习判断。例如，"小朋友的前面有一个穿着裙子的小朋友""小刚的前面有一个拿着气球的小朋友，小朋友穿一条裙子，指出哪个人是小刚"。

### （六）认识形状

认识形状训练包括建立"形状"的概念、进行形状配对与形状分类等目标。训练器具是几种常见的形状图片、镶嵌板、小盘等，具体方法如下。

（1）训练者呈现图形，告诉特殊儿童："这是圆形。"让他用手摸一摸并且复述，再次呈现大小、颜色都不同的圆形，同样让他感受，直到他建立"圆"的概念后，再出示两种不同的形状，让特殊儿童从中拿出圆形。

（2）训练者示范将圆形板放入圆洞中，让特殊儿童边模仿边说出形状的名称。

（3）训练者将小盘放在桌上，指导特殊儿童将相同形状的板放在同一个盘子里，边放边说出形状的名称。熟练后，让特殊儿童自己做分类练习。

### （七）分辨有无

分辨有无训练包括分辨实物的有无、分辨图片的有无两个目标。训练器具是特殊儿童喜欢的玩具或小食品，具体方法如下。

（1）训练者将玩具呈现在特殊儿童面前，告诉他："有玩具。"然后藏起来，拍手说："没了。"让特殊儿童复述。

（2）训练者将两手伸在特殊儿童面前，一只手里有食品，另一只手里没有，告诉特殊儿童："这只手里没有饼干，这只手里有。"让特殊儿童指认哪边有、哪边没有。

（3）训练者给特殊儿童看一组图片，让他比较两张图片的不同，并指导他："这张图片上的花盆里有花，这张图片上的花盆里没有花。"

### （八）认识水果、蔬菜等食品

认识水果、蔬菜等食品训练包括建立"食品"概念、懂得有效利用两个目标。训练器具是实物及彩色图片、线条简笔画图片、生活实际环境，具体方法如下。

（1）在平日生活中注意强调一些经常接触的物品。例如："小明，现在我们来吃苹果""看，妈妈在洗西红柿"。

（2）将一个水果放在桌上，告诉特殊儿童："这是桃子。"让他复述，然后指令："把桃子递给我。"如果他不能准确地做，就手把手指导，直到他能完成为止。

（3）认识水果图片，步骤同方法（2）。

（4）随机教学："小明，帮妈妈拿一根香蕉。""小明，这些食品里你

最喜欢吃什么？"

（5）配对操作：把茶叶放到茶杯里；把蔬菜放到菜盆里；把水果放到果盘里。

### （九）知道天气情况

知道天气情况训练包括了解天气情况与人类生活的关系、了解基本的天气常识和知道如何应对不同的天气状况三个目标。训练器具是相关录像片或图片、实物、生活实际环境，具体方法如下。

（1）让特殊儿童观看录像片或图片，了解天气与人类生活的关系，如降雨对农作物的影响、起雾与交通的关系等。

（2）用配对的方法，让特殊儿童了解各种天气状况的特点，如阴天—下雨、下雪，可用实物雪；晴天—暖，可展示太阳高照的实际景况。

（3）观察在不同的天气情况下别人都是怎么做的（看录像）：下雨时要打伞、穿雨衣和雨鞋……

（4）判断天阴了要下雨，该做哪些准备呢？（选择）

### （十）知道因果关系

知道因果关系训练包括知道饿了要吃东西，天冷了要多穿衣服，下雨了要打伞。训练器具是相关录像片或图片、生活实际环境，具体方法如下。

（1）让特殊儿童看录像片或图片，了解吃了脏东西会肚子疼，生了病要吃药、打针。

（2）让特殊儿童观察实际生活，知道下雨了小朋友需要穿上雨衣再去上学。

### （十一）点数

点数训练包括点数实物、点数图形、点数抽象图形三个目标。训练器具是插片、珠子、图片等，具体方法如下。

（1）训练者将插片等小物品摆在桌上，手把手地教特殊儿童点数实物，点一个数一个，先点数 1～3，熟练后再增加到 4。

（2）训练者示范用手指一个图形，说一个数字，然后让特殊儿童模仿，数量由少到多，渐增。可用铅笔做记号，点过一幅图之后就画一个记号，避免重复。

（3）若能顺利完成前两项内容，就可以用相同方法点数抽象图片。

## （十二）认识时间

认识时间训练包括建立大的时间段概念（年、月、日，白天、黑夜，午、下午等）、认识电子表显示的时间、认识钟表的时间三个目标。训练器具是相关图片、钟表模型，具体方法如下。

（1）利用现实生活任一时刻告诉特殊儿童："现在是上午，我们要……现在是晚上……"

（2）让特殊儿童观察图片，巩固时间概念，如太阳升起来时是早晨等。

（3）是白天还是晚上？让特殊儿童判断。

（4）给特殊儿童出示电子表，告诉其用途，并教其读法。平时可用模型练习。

（5）认识钟表，知其用途。

（6）认识钟表长、短针及其含义。

（7）能看懂肿标指针意义并正确读出时针所指的时间。

（8）懂得基本换算。

（9）能对"马上""一会儿""立刻"有适当反应。知道年、月、日的说法；知道小时、分钟的说法。

## （十三）认识钱币

认识钱币训练包括知道钱币的用途、认识硬币面值、认识常用钱币、保护人民币四个目标。训练器具是1、2、5、10元人民币和数字卡片，元、角、分文字卡片，1角、5角、1元硬币，以及其他面值的人民币，具体训练方法如下。

（1）首先教特殊儿童认识1、2、5、10元数字卡片，带他走进商场，看看顾客花钱买东西的场景。

（2）认识1元、2元、5元、10元面值人民币。

（3）带特殊儿童花钱买喜欢吃的食品。

（4）告诉特殊儿童："钱币是买东西用的。"

（5）认识元、角、分文字卡片，建立"元大""分小"的概念。

（6）认识1角、5角、1元硬币。

（7）把常用人民币放在一起，取出1元买冰棍，取出5角买报纸，取出10元买菜。

（8）让特殊儿童说说自己花了多少钱、买了什么东西。

（9）告诉特殊儿童不能在人民币上乱画，也不能撕毁人民币。

# 第五节　生活自理训练

## 一、生活自理能力的概念

生活自理能力，是指人们在生活中照料自己的行为能力，简单来说就是自我服务、自我照顾，它是一个人应该具备的最基本的生活技能。生活自理能力的形成有助于智力障碍儿童良好生活习惯的养成，提高其自我照顾、自我服务的能力，减轻家庭负担，提高生活质量，对智力障碍儿童及其家庭也会产生深远的影响。然而，由于智力障碍儿童自身的心理与生理缺陷，其生活自理能力普遍较差，甚至大部分智力障碍儿童到了入学阶段，生活起居仍需要家长照顾。有的特殊儿童虽然有一定的自理能力，但日常表现得较为邋遢，例如，吃饭时，吃得满桌子都是饭粒；有的特殊儿童甚至在学校不会自己上厕所，大小便经常排泄在裤子里，更不用说打扫班级卫生或是为他人服务了。这样的生活现状无疑给智力障碍儿童带来了痛苦和不便，也增加了其家庭的负担。

2007年，教育部颁布的《培智学校义务教育课程设置实验方案》（以下简称《方案》）中要求，特殊教育学校要培养"具有基本的文化科学知识和适应生活、社会以及自我服务的技能；养成健康的行为习惯和生活方式，成为适应社会发展的公民"。因此，培养智力障碍儿童生活自理能力是特殊教育学校开展智力障碍儿童教育的基本任务。克拉玛依市特殊教育学校依据《方案》开设了蒙台梭利教学课程，运用其中的日常生活教学法开展个别化教育训练，促进智力障碍儿童生活自理能力的培养。

蒙台梭利教学课程模式中的日常生活能力教学，旨在培养特殊儿童的独立、自主精神和实际生活技能，让特殊儿童从小养成一种习惯，即自己的事情自己做，能够自我服务与自我照顾，并促进特殊儿童专注力、协调力、理解力、意志力的发展以及良好生活习惯的养成。日常生活能力的学习训练包括基本动作（走、坐、站、抓、切、夹、拧、舀等）、对自己的照顾（洗脸、刷牙、整理衣物、吃饭、上厕所等）、对环境的关心（扫除，擦拭，照顾植物、动物等）、社交行为（应答、感谢与道歉、递交物品等）四个方面。

## 二、课程评量

为做好训练前评估，为拟订、实施个别教育计划提供有效、可信的依据，做到弥补缺陷、开发潜能，有的放矢，针对特殊儿童生活自理能力方面的情况，教师应与家长认真沟通，家校共同参与课程评量，制作出特殊儿童的生活自理能力侧面图（饮食能力、如厕能力、清洁与卫生、穿着方面）。

## 三、尊重个体差异，整合矫正

整合矫正技术是指运用学习心理学和社会心理学的原理与技术，客观、系统地处理行为，从而解决个人与社会的问题，增进人类的适应功能。若班级里有特殊儿童，教师要学会观察、分析和评估，制订个别化教育方案，并取得家长的支持。

## 四、利用集体活动，影响特殊儿童的日常行为

目前，我国义务教育学校的班额都比较大，每个班级里都会有特殊儿童，当看到特殊儿童有不规范行为习惯，活动时不理解规则，与人相处不融洽，注意力分散，认知水平低于普通学生；当看到特殊儿童课堂中注意力缺陷，掉在地上的一支粉笔、同伴的一声笑声、窗外小鸟的叫声都能分散他们的注意力，而将课堂常规纪律抛到九霄云外时，班主任及科任教师需要思考的就是如何矫正他们日常的行为。

## 五、利用"代币制"，强化特殊儿童的正确行为

"代币制"的方法在特殊儿童所在的班级中常常被使用，一般用于组织班级干部制订班级制度，激励大家自我约束、辅助约束、强制约束，

鼓励特殊儿童勇于表现、展示自我，养成良好的行为习惯。当特殊儿童表现符合常规行为时，老师给予相应的代币（一个小贴花），若特殊儿童有违反常规的行为，会被扣除相应的代币。在班级干部的辅助下，特殊儿童学会了争取代币和积攒代币，达到一定的数量就可以用来换取自己喜欢的奖品。

## 六、利用"榜样"塑造，引导特殊儿童的正确行为

由于特殊儿童心智缺陷喜欢模仿。我们可以通过榜样塑造，开展养成教育。例如，学生张某看起来胆小又斯文，但是在折纸课外兴趣辅导课中，经常莫名地触犯其他同学，没有起因，只有结果——每次都会引起全班骚动。一旦发生这种行为，教师必须立即采取措施，否则课堂教学就会被迫中断，影响课堂教学正常进行。仔细观察后发现，这位学生也有其优势，就是记忆力特别好，能快速掌握操作要领。因此，每次教学新的操作时，教师都让学生张某示范，在此过程中完成了榜样塑造，而这位学生意识到自己是同学的榜样，对自己的行为约束更严格，从此再没有出现过无故触犯他人的行为。

## 七、利用正强化，培养特殊儿童的学习习惯

每个班都会有学生存在学业问题。学业问题是指与校内学习有关的不良行为，并非特指学习成绩的低下。常见情况如下：某一学科或多个学科的学习成绩低下；上课时玩东西；上课与别人随便说话而扰乱老师和他人；上课发言不举手；上课不爱回答问题；不按时完成作业和不交作业；等等。有这样一位学生，是学校周边的拆迁回迁户，父母在外地工作且两地分居，由爷爷、奶奶负责其学习与生活。这个孩子可爱、聪明，但作业需要在教师监督下才能完成。究其原因：一是从小和爷爷、奶奶生活，自我约束力差；二是懒惰，不爱动手。为纠正其行为，可以采用正强化的方法，不求一步到位，而是逐步养成。刚开始，只要他写了作业，即使没有全部完成，都给予正强化，给他一个五角星贴在班级"我是小明星"的展板上；同时联系他父母，让他们常常打电话关心和鼓励孩子，让其爷爷、奶奶参与其学校教育，放学后在教师的辅助下完成一定的作业量，后期再增加作业量。一段时间以后，该生的目标行为逐渐达标，学习的信心和兴趣也大大提高。

由于生理上的缺陷，特殊儿童会产生适应性障碍，出现心理上的危机，而为了及时干预其不良行为，我们可以采用行为矫正技术，帮助他们了解其不良行为习惯，建立良好的日常行为习惯。比如，针对一位多动症孩子，当他表现不当行为时，首先要制止其他学生嘲笑他，同时教育和引导同学主动接纳该生，与之交往，建立友好、互助的团队，建立一个积极和充满鼓励的班级环境，改善其不良行为，使之逐步融入集体学习生活。

## 八、在生活指导课中培养特殊儿童日常生活能力的策略

### （一）教学资源整合

为了在生活指导课中有效培养特殊儿童的日常生活能力，教师应该做好教学资源整合工作。第一，特殊儿童生活指导课程是让学生学习生活、做人的重要阵地。为了提高生活指导教学的有效性，教师需要进行多元化教学资源的整合。例如，教师应用识图卡片进行教学时，可以先引导特殊儿童分析图片中有什么，之后为他们播放与这一图片有关的生活场景，或者运用实物为其进行演示，如叠被子、刷碗等，使他们能够进一步提高日常生活能力。第二，由于特殊儿童对事物的理解能力不强，为了提高教育有效性，教师可以将多种教学内容加以整合，将美工、语言、劳动等内容融合到一起，使特殊儿童能够在具有多样性的教学环境中提高日常生活能力。另外，为了提高教学资源整合的有效性，教师需要注重提高自身的生活指导专业能力，设计丰富多彩的教学方法，帮助特殊儿童更好地学习劳动技能，促使特殊儿童更好地融入社会环境。

### （二）合理设计教学目标

在生活指导课中培养特殊儿童日常生活能力时，教师要合理设计教学目标。在设计教学目标时，教师可以从以下两个角度切入。第一，由于特殊儿童个体之间存在差异，教师在生活指导课中应该按照他们的具体情况及教学需求构建不同的教学目标。例如，对低年级特殊儿童进行教学时，教师需要将劳动技能启蒙作为教学重点，并按照这一方向设计课程内容。同时，因为特殊儿童之间存在个体差异，所以教师要注意教

学目标的针对性，以保证课程能够满足全部特殊儿童的生活能力、学习需求。在制订中高年级特殊儿童的教学目标时，教师应该将难度稍大一些的生活技能作为重点教学内容，并采用适当的教学方法引导特殊儿童提高日常生活能力，最大化地发挥生活指导课的教学作用。第二，在构建教学目标时，为了提高教学有效性，教师需要设计渐进性的目标。例如，教师为特殊儿童讲解扫把的用法时，可以先为他们讲解和演示，然后引导特殊儿童进行地面清扫练习，并给予他们一定的指导，帮助他们掌握生活技能。

### （三）设计拓展性学习方法

教师在生活指导课中培养特殊儿童日常生活能力时，需要设计拓展性学习方法。第一，由于很多特殊儿童存在自闭心理，教师需要将生活指导课引入实际生活中，增强生活指导教学的开放性。例如，教师在为特殊儿童讲解植物的种植方法时，可以带领他们到室外观察植物，并为他们进行播种演示，然后引导特殊儿童自主种植。在这样的学习环境中，特殊儿童不仅能提高日常生活能力，还能亲身感受大自然。第二，在进行拓展性学习时，由于特殊儿童的行动能力不强，为避免其出现安全问题，教师需要给予他们一定的帮助与鼓励，以提高生活指导课的有效性。

在生活指导课中培养特殊儿童的日常生活能力时，为了提高培养质量，教师需要根据特殊儿童的动手操作能力设计教学内容，进行多元化教学资源整合，并合理设计教学目标，保证课程能够满足全部特殊儿童的生活能力与学习需求。另外，教师要注重拓展教学环境，设计拓展性学习方法，提高生活指导课的有效性，帮助特殊儿童更好地融入社会环境。

# 第四章　特殊儿童个别化教育设计

## 第一节　个别化教育计划定义

### 一、个别化教育计划的含义

个别化教育计划（简称IEP）指的是根据每一位特殊儿童的身心特点和教育需要制订的有助于个体最大限度发展的教育方案。

一份编制良好的个别化教育计划应该具有以下几方面特性和功能。

#### （一）是一份具有法律约束力的书面协议

按照法律规定，教师在给特殊儿童实施教育教学之前，必须和有关的专业人员及家长共同拟订一份包括教育目标、教育内容、相关服务、评价方法等的书面协议，以保证特殊儿童能够获得适当的教育。学校的校长、教师、专业人员和家长等一旦在这份协议上签字，它就具有法律效力。如果校方不按协议上的要求提供教育和服务，家长就可以到法院提起诉讼。

#### （二）是开展特殊教育教学的指南

个别化教育计划首先要根据特殊儿童身心特点和教育需要提出具有现实可能性的长期目标，然后确定每一阶段的具体目标和任务、相关的

服务，之后教师就可以按计划选择适当的教材、教法和教学速度，一步一步地开展教学活动，最终实现预期的教育目标。

### （三）是特殊教育管理的工具

个别化教育计划中安排了一系列的评价活动。通过这些评价活动，教师可以了解特殊儿童学习的情况，及时调整自己的教学方法和教学速度；学校管理人员可以根据评价结果判断教师的教学能力，做出适当的人事安排；上级领导部门可以检查学校的教学质量和管理水平，督促学校改进教学和管理工作。

### （四）是建立普通教育与特殊教育之间联系的纽带

特殊教育遵循的一条基本原则是把特殊儿童安置在最少受限制的环境里。特殊儿童到普通学校随班就读时，不仅要学习普通教育的课程，还要学习专门为他们设计的特殊教育的课程。要想把普通教育和特殊教育课程很好地结合起来，使特殊儿童获得最大的收益，就需要制订一份个别化的教育计划。

### （五）是家长与学校之间沟通的渠道

在个别化教育计划的制订过程中，家长需要积极地参加有关的会议，提供心理评估所需的信息，表达对孩子的教育期待，等等。校长、教师、专业人员和家长等有关人员应面对面地讨论和协商，共同确定符合特殊儿童身心特点和教育需要的教育目标、相关服务及评价方法。在该计划的实施过程中，校方还要经常向家长报告进展情况，争取获得家长的支持和配合，共同谋求特殊儿童最好的发展。

## 二、个别化教育计划的基本构成

根据美国 1997 年颁布的《残疾人教育法修正案》的有关规定，一份完整的个别化教育计划应包括以下几项基本内容。

### （一）有关特殊儿童目前的教育成就水平的说明

目前的教育成就水平指的是在制订个别化教育计划时，特殊儿童的

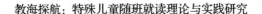

心理发展和学业成就实际达到的水平。对目前的教育成就水平的说明，一般包括两点：一是特殊儿童的身心发展和在各学科领域的发展水平；二是特殊儿童的残疾是如何影响他参与普通教育计划的。

### （二）长期教育目标和短期教学目标的确定

长期教育目标亦称年度目标，是指根据特殊儿童目前的教育成就水平确定的在学年结束时期望达到的教育目标。它包括两个目标：①在学年结束时特殊儿童参与普通教育计划所应达到的教育目标；②根据特殊儿童的特殊需要提出的其他教育目标。短期教学目标是指在实现长期教育目标的过程中特殊儿童必须达到的各阶段的教学目标。

### （三）为特殊儿童提供各种特殊教育、相关服务、辅助设施，以及对教师、行政人员提供支持的说明

特殊教育是指为了达到一般的和特殊的教育目标而使用特别设计的课程、教材、教法、组织形式和设备等的教育。

相关服务是指为了使特殊教育产生明显的效果而提供的发展性、矫正性及其他适当的支持性服务，包括言语病理学服务、听力学服务、心理学服务、物理治疗、职业治疗、娱乐、特殊儿童的早期鉴别和评估、咨询服务、以诊断或评估为目的的医学服务、学校卫生服务、校内社会工作服务及家长咨询和训练等。

辅助设施是指在教育教学中所需使用的各种辅助器材，如助听器、扩音器、放大镜、有声图书和假肢等。

对教师、行政人员提供的支持包括有关残疾及对教学可能产生影响的知识介绍、积极行为干预方法的培训等。

### （四）对州政府和学区举办的在校学生学业成就评估进行调整的说明

如果州政府或学区为了使特殊儿童能够参与本地区举行的学业成就评估而对这些评估进行了适当的调整，应对调整的情况做具体说明；如果个别化教育计划委员会决定不让该特殊儿童参加此类评估，则要说明理由并提出某种替代的评估方法。

**（五）特殊教育和相关服务起止时间、频数、地点和持续时间的确定**

对第三条中提出的各项教育和服务开始实施和结束的日期、每周的频数、实施地点和持续时间进行说明。

**（六）对转衔服务计划的说明**

对于年满14岁的特殊儿童，应说明他需要哪些转衔服务的课程（如汽车修理工的培训课程），以及提供转衔服务的时间、转衔服务的机构和联系方式等。另外，在特殊儿童达到法定毕业离校的年龄前至少一年时提出申明，该特殊儿童已经接到了哪些转衔服务的通知。

**（七）对评价标准、评价程序和评价方法的说明**

针对第二条中已确定的长期教育目标和短期教学目标，说明教育评价的标准、程序和方法，以及如何把评价结果定期报告给家长。报告的内容必须包括以下内容。

（1）特殊儿童已取得了多大的进步。

（2）特殊儿童目前已取得的进步是否足以实现为他制订的年度目标。

# 第二节　个别化教育计划

## 一、确定个别化教育计划委员会组成人员

当某个儿童被鉴别为特殊儿童时，学校的校长或特殊教育的负责人必须尽快确定个别化教育计划委员会组成人员的名单，并在30天内召开第一次会议，明确每位成员的职责、个别化教育计划编写完成的时间和表决方式（是举手表决，还是由委员会主席决定）。

个别化教育计划委员会一般由两部分人组成：一部分是基本成员，另一部分是根据特殊儿童的残疾类型安排的其他成员。

基本成员通常包括普通班教师、特殊教育教师、学校行政人员、学校心理学家和家长。下面介绍基本成员的职责。

普通班教师：介绍特殊儿童在普通班级学习的表现；提供课程设计所需的资料；参与制订长期教育目标和短期教学目标；指出特殊儿童参与普通教育计划的能力和限制。

特殊教育教师：提供与特殊儿童的残疾有关的资料；指出特殊儿童参与特殊教育计划的能力和限制；指出在个别化教育计划中必须考虑的特殊教育需要；参与对评估结果的解释。

学校行政人员：负责校内人员的协调和资源的调配；与校外服务机构或提供服务的个人建立联系。

学校心理学家：实施评估并解释评估的结果；说明特殊儿童的特殊教育需要；指出特殊儿童所需相关服务的类型和程度。

家长：说明家长参与的能力和限制；参与制订长期教育目标和短期教学目标；提出特殊儿童所需相关服务的意见。

根据儿童的残疾类型安排的其他成员包括由家长或校方指定的具有某种残疾专业知识的人员、地方教育主管部门的代表和提供相关服务的人员（如言语治疗师、物理治疗师、作业治疗师、职业康复顾问和社会工作者等）。如果需要，高年级特殊儿童也可成为该委员会的成员。这部分人的职责主要是把基本成员所不具备的较深的专业知识和技能及校外的资源带到个别化教育计划的制订中。

委员会主席一般会从基本成员中产生，可以由校长指派，也可以从委员会成员中选举产生。委员会主席的职责包括主持会议、协调委员会成员的活动、与家长沟通、促进团体计划的落实、帮助做一些决定、监督会议记录过程、保证正当程序的有效执行。

## 二、编写个别化教育计划

在明确了各自的职责之后，委员会成员就要着手编写个别化教育计划。个别化教育计划的编写步骤和方法如下。

### （一）确定目前的成就水平

特殊儿童目前的成就水平是根据心理评估结果来描述的，因此，在确定目前的成就水平之前，首先应该对特殊儿童实施全面的心理评估。

为了确保心理评估的公平性和准确性，在实施心理评估的过程中应

该注意以下几点。

（1）用特殊儿童平时使用的语言（如地方话）和习惯的沟通方式（如口语、手势语或盲文等）来实施测验。

（2）所使用的测验要符合测验目的并已证明具有很高的信度和效度。

（3）主试者必须是受过相关培训的专业人员，并且在施测过程中没有改变测验的程序和指导语。

（4）不能仅测验智商，还应该实施其他测验、观察和调查，以便全面地了解特殊儿童的特殊教育需要。

（5）对于感觉、动作或言语有障碍的特殊儿童，所选用的测验应该能准确地反映他们的潜能和成就水平，不能因为有这些障碍而影响他们的测验分数，除非测验的目的就是测量这些障碍。

（6）在实施完心理评估之后，要用简明、准确和可操作的语言来描述在具体的学科和非学科领域的特殊儿童知识与技能的发展水平及受残疾影响的情况。

在学科领域，一般要说明特殊儿童已经掌握了语文、数学、常识、音乐、美术、劳动等课程中规定要学的哪些内容，还没有掌握哪些内容。例如，在数学的学习中，特殊儿童会做不需要进位的三位数与三位数的加法题，但还不会做需要进位的加法题；在语文的学习中，特殊儿童会听写第 2 册第 1～5 课的所有生词，但还不会用这些生词造句。

在非学科领域，一般要说明特殊儿童的健康状况、感觉和动作技能的发展状况、智力、语言和适应行为（例如，生活是否能自理，是否可以遵守学校中的各项规定，是否会处理学校和家庭中的人际关系，等等）的发展状况。

为了突出重点，在描述特殊儿童目前的成就水平时应注意指出普通教学计划中某个阶段规定要学的内容与有效地适应学校和家庭环境有关的内容，既要分析特殊儿童在每个领域中发展得比较好的方面，又要说明发展得比较薄弱的方面。例如，在非学科领域，虽然特殊儿童的感觉和动作技能发展得比较好，但在描述他目前的成就水平时不能只说明这方面的情况，还要说明他发展得比较差的语言能力方面。这一部分所描述的内容应该和个别化教育计划中其他部分的内容有一定的联系。也就是说，如果这部分指出了特殊儿童的阅读技能缺陷，那么在其他部分相应地就应该有教学目标、具体的教育措施和相关服务等。

如果某些领域的资料不足或不够具体，无法用可操作的语言进行描述，那么一定要继续做评估，以便获得更全面、更详细的信息。

### （二）分析特殊教育需要，拟订长期教育目标

根据目前的成就水平，个别化教育计划委员会成员可以分析特殊儿童的特殊教育需要，并拟订长期教育目标。

长期教育目标反映了教师和家长对特殊儿童通过一年的教育教学所能达到的新的成就水平的估计和期待。在拟订长期教育目标时，各委员会成员要考虑以下几个问题。

（1）特殊儿童以前的成就水平是什么？

（2）特殊儿童目前的成就水平是什么？

（3）所拟订的长期教育目标是否具有实现的可能性？

（4）特殊儿童亟须满足的特殊教育需要是什么？

（5）特殊儿童为实现长期教育目标需要投入多少教学时间？

通过比较以前和目前的成就水平，了解特殊儿童在哪些方面取得了进步，哪些方面没有取得进步；哪些方面进步比较快，哪些方面进步比较慢；哪些教育或环境因素对特殊儿童学习起到了促进作用，哪些因素没有对特殊儿童学习产生影响；等等。在拟订教育目标时，可以把重点放在外界因素能够产生积极影响的方面，在进步比较快的领域把期望值定得高一点，而在进步比较慢的领域把期望值定得低一点。

教育目标能否在规定的时间内实现，也是一个必须考虑的问题。特殊儿童的成就水平远远落后于普通儿童，而且随着年龄的增长，这种差距会越来越大，因此一定要选择那些切实可行的、符合特殊儿童社会适应和职业发展需要的教育目标。例如，如果某名智力障碍儿童还没有掌握整数的加减法，就打算教他小数的乘除法，这肯定是白白浪费时间。

在选择了若干长期教育目标之后，委员会成员还要确定哪些教育目标是需要优先考虑的。一般会先把教育目标由简单到复杂排列一个顺序，然后把最基本的知识和技能作为优先考虑的教育目标。特殊儿童奠定一定的基础之后，再考虑学习复杂的知识和技能。

实现教育目标所需的时间对长期教育目标的拟订也有很大的影响。一般来说，目标定得越高，所需的教学时间就越长。委员会成员可以根

据教学时间的多少来拟订长期教育目标，也可以按照各个教育目标的重要性来分配时间。如果长期教育目标比较重要或定得比较高，所需的教学时间比较长，那么长期教育目标的数量就应该少一些。

### （三）确定短期教学目标

在特殊儿童目前的成就水平与为他拟订的年度目标之间制订若干细小的阶段目标，即可获得短期教学目标。

个别化教育计划的编制目的是给教师提供一般性的指导，为编写教学计划、开展教学活动提供依据。因此，个别化教育计划中的短期教学目标与教学计划中的教学目标之间既有紧密的联系，又有区别。

个别化教育计划中的短期教学目标也可以用于描述教师和家长期望特殊儿童在某个领域和某个规定的时间内实现的目标。但是，和教师个人编写的教学目标不同，个别化教育计划中的教学目标通常是按周、月或季度来设计的，而教学计划中的教学目标已进一步细化为每天或每周拟定完成的具体任务。另外，在教师个人编写的教学计划中要说明具体的教学方法、教学用具和教学活动，等等，而在个别化教育计划中一般不包括这些细节。

短期教学目标是一些阶段性的目标，因此在制订短期教学目标时一般采用任务分析法。所谓任务分析法，就是把一项任务分解成若干按顺序排列的小任务的过程，它包括任务分解、描述和排序等环节。具体的做法有以下两种。

1.逆向分析法

大多数年度目标都可以分解为若干按顺序发展的组成部分。如果从某个年度目标开始向特殊儿童目前的成就水平方向逐步降低教学任务的难度水平，依次确定各阶段的教学目标，这种方法就是逆向分析法。例如，假设某个年度目标是"掌握需进位的两个两位数相加的计算法"，记为水平 A；在特殊儿童掌握水平 A 之前，他必须先学会进位的一个两位数加一个一位数，记为水平 B；在掌握水平 B 之前，他必须先学会不用进位的两个两位数相加，记为水平 C；在掌握水平 C 之前，他必须先学会不用进位的一个两位数加一个一位数，记为水平 D；在掌握水平 D 之前，他必须先学会不用进位的两个一位数相加，记为水平 E。假设水平 E

是儿童目前的成就水平，那么对任务 A 的分解到此就可以结束了。

有些年度目标是不太容易进行任务分解的。在这种情况下，可参照布鲁姆的认知领域教育目标分类系统进行分解，即把认知领域的教育目标由高到低划分为评估、综合、分析、应用、理解和知识六个层次，每个层次再分成若干水平。

对已确定的短期教学目标要用具体、可观测的行为来描述，即说明特殊儿童在每个阶段要学会做什么，掌握的标准是什么。例如，假设某个年度目标是"能根据钟表指针所在的位置说时间"，短期教学目标可以定为如下几个：①能正确地说出时间，如 9 点 37 分、11 点 23 分、4 点 58 分，3 次测试，正确率为 100%；②能以 5 分为单位说出时间，如 6 点 15 分、2 点 45 分、12 点 35 分，3 次测试，正确率为 100%；等等。

用可观测的行为描述完所有的短期教学目标之后，还要由简单到复杂的顺序把它们呈现出来。

2. 正向分析法

另一种制订短期教学目标的方法是从特殊儿童目前的成就水平开始向年度目标的方向逐渐提高教学任务的难度水平，依次确定各阶段的教学目标，即为正向分析法。例如，假设某个年度目标是"能用电子秤测量物品的重量"，那么短期教学目标可以确定为如下几个：有轻重的概念，记为水平 A；知道把物品平稳地放在秤盘上，记为水平 B；认识常用的重量单位，如克、千克等，记为水平 C；能看懂电子秤上显示的数字并说出物品的重量，记为水平 D；知道重量单位之间如何换算，如 1 千克 =1000 克，记为水平 E；能用多种重量单位来说明所测量的物品的重量，记为水平 F。

正向分析法的一个特点是可以先不列出年度目标。从目前的成就水平开始编制短期教学目标，当所列出的教学任务刚刚占满一年的时间时，那么最后列出的那个教学任务就是年度目标。

当然，也可以先列出年度目标。用正向分析法将年度目标分解为一系列短期教学目标之后，如果发现实现这些短期教学目标需要一年以上的时间或不需要一年的时间，就可以调低或调高年度目标的难度水平。

**（四）确定相关的服务**

为了确保特殊教育的质量，在教学过程中通常还需要给特殊儿童、

教师和家长提供与教学有关的服务，包括各种发展性的、矫正性的和支持性的服务。在个别化教育计划的制订过程中必须对所需相关服务的种类、数量和时间，以及由谁提供相关服务、各种相关服务之间的协调等予以明确的说明。

1. 所需相关服务的种类

相关服务的种类主要有以下几种。

（1）言语／语言治疗。当特殊儿童有言语或语言方面的障碍时，一般建议他接受该项服务。该服务包括语言理解或表达的训练，构音障碍、声音障碍和流畅性障碍的矫治，等等。这种矫治可以是针对个别特殊儿童的，也可以以小组为单位开展。

（2）物理治疗和作业治疗。如果特殊儿童有身体或运动方面的障碍，一般建议他接受物理治疗和作业治疗。物理治疗一般需要使用某些特殊的设备进行身体锻炼，以便改善特殊儿童整个身体的功能和力量；而作业治疗一般集中在精细动作的训练上，如练习写字、用剪子剪东西、拧瓶盖，等等。

（3）艺术治疗。该项服务可以提高特殊儿童的创造力、精细动作技能、休闲活动能力、情绪调节能力，等等。

（4）音乐治疗。该项服务可以提高特殊儿童的主动性、社交性、言语和沟通能力、情绪调节能力，等等。

（5）心理咨询。该项服务可以帮助家长和教师了解某种残疾的性质以及如何开展家庭教育、如何获得社会支持、如何调节情绪，等等。

特殊儿童、教师和家长需不需要相关服务、需要哪些相关服务与特殊儿童的类别、教育安置形式以及安排了什么课程有关。一般来说，像盲、聋、肢体残疾、孤独症等障碍显著的特殊儿童需要相关服务的种类要多一些，而像轻度智力障碍、学习障碍等障碍不十分显著的特殊儿童需要相关服务的种类就比较少或不需要相关服务。

目前，特殊教育界提倡把特殊儿童安置在最少受限制的环境中，也就是说，尽可能让他们在正常的环境中接受教育。如果把特殊儿童安置在普通学校的普通班级里，那么给普通班教师提供咨询和辅导是非常有必要的，否则，这种教育安置不会取得很好的效果。如果把特殊儿童安置在特殊学校里，对于一些比较少见的障碍类型儿童，有时也需要专业人员提供咨询和指导服务。

给特殊儿童安排了哪些课程也决定着需要什么种类的相关服务。例如，给听觉障碍儿童安排了语言康复课程，那么相应地也要提供听觉评估、助听器佩戴、听觉训练、发音训练、家长咨询、教师咨询、作业治疗、心理学服务等相关服务。

2.所需相关服务的数量和时间

除了说明拟提供哪几种相关服务外，在个别化教育计划中还要说明给特殊儿童提供每种服务的数量和时间。一般要先说明每一种服务开始和停止的日期、每周服务的次数、每次服务的持续时间，然后确定在每周的什么时间提供该种服务。

3.由谁提供相关服务

在个别化教育计划中必须列出特殊儿童所需要的所有的相关服务，不管学校是否有条件提供这些服务。如果学校有条件，一般先由学校自己提供服务；如果学校没有条件，例如，学校缺少言语治疗师、物理治疗师、作业治疗师，等等，就要利用社会资源，以便使特殊儿童获得所需的服务。

如果打算利用校外资源，那么可采取的方式主要有以下三种。

（1）与附近的几所学校共同雇用几位专业人员，让这些专业人员定期到各校提供巡回服务。

（2）与某些公共服务机构，如社区医院、心理健康服务中心、残疾儿童康复服务中心等签订长期合同。这样，本校的特殊儿童就可以到这些机构接受公费的服务了。

（3）与某些私立机构，如孤独症儿童评估与训练中心、口吃矫治中心等签订长期合同。由学校出钱，本校的特殊儿童就可以到这些机构接受某些特殊的服务，如孤独症儿童的诊断、口吃患者的言语矫治等。

4.各种相关服务之间的协调

确定所需服务的种类、数量、时间和由谁提供服务之后，接下来就要考虑各种服务以及与教学之间的协调问题。

提供与教学有关的服务，其目的是提高特殊教育的效果，因此各种相关服务的安排必须以促进教育教学为基本的出发点，并且应该注意以下三点。

（1）尽量不妨碍教育计划中重要课程的学习。

（2）利用课堂教学强化相关服务的效果。

（3）建立一种监控服务质量的有效机制。

个别化教育计划委员会成员与其他教育和服务人员之间必须定期交换意见，以便建立良好的沟通关系，使所安排的各项教学和服务产生最大的效益。

### （五）确定教育评价的标准、方法和时间

在个别化教育计划实施了一学期或一学年时，应该对教育效果进行评价。为了使教育评价成为教育质量管理的有效工具，有关评价标准、评价方法和评价时间在制订个别化教育计划时就应该被明确地提出来。

1. 关于评价标准

在制订长期教育目标时，个别化教育计划委员会成员还应确定教育目标的实现标准。如果每个教育目标都用可观测的行为来描述，那么在学期或学年结束时，就可以对这些教育目标的完成情况实施测量和评价了。

确定每个教育目标的实现标准时需要经过仔细考虑，若把目标定得太高了，且永远不可能实现，这样的目标是毫无意义的；若把目标定得太低了，通过一学期或一学年的学习，特殊儿童没有取得多大的进步，会耽误其良好的发展时机。

目前评价标准主要有三种：一是正确率；二是完成任务所用的时间；三是正确率加完成任务所用的时间。究竟采用哪一种评价标准，可以根据教育目标的要求来定，一般来说，如果只强调正确性，就采用第一种；如果只强调速度，就采用第二种；如果既强调正确性又强调速度，就采用第三种。

2. 关于评价方法

评价方法的选定取决于教育目标的性质和特殊儿童的特征。

一方面，针对不同领域的教育目标往往要使用不同的评价方法。例如，认知领域的教学目标通常涉及记忆、理解、应用、分析和综合等技能，所以评价方法一般为标准化成就测验或教师自编测验。例如，为了检查特殊儿童是否已经掌握了两位数的加法，可以让他们做20道两位数的加法题，并要求正确率必须达到80%。

情感领域的教学目标与兴趣、态度、动机、价值观等有关，其评价

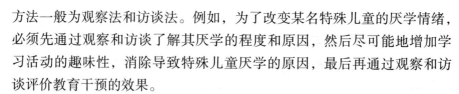

方法一般为观察法和访谈法。例如，为了改变某名特殊儿童的厌学情绪，必须先通过观察和访谈了解其厌学的程度和原因，然后尽可能地增加学习活动的趣味性，消除导致特殊儿童厌学的原因，最后再通过观察和访谈评价教育干预的效果。

心理动作领域的评价方法一般使用涉及反应时间、运动速度、灵巧性、强度和持久性等内容的心理测验。

另一方面，在选择评价方法时还要考虑特殊儿童的残疾类型和性格特征等。例如，对视力障碍儿童、听力障碍儿童和学习障碍儿童等，最好用没有时间限制的测验；对于智力障碍和孤独症儿童最好使用观察法，而不要用自陈量表；对于表达能力比较差的特殊儿童不要用口试；对于肢体障碍儿童不要用笔试或动作技能测验等。

另外，对于性格孤僻、容易焦虑和无法配合测验的特殊儿童，不宜采用测验法。对这些特殊儿童最好通过直接观察或与家长和教师的访谈来实施评价。

3.关于评价时间

正式的教育评价一般在学期末或学年即将结束时举行。不过，适当地增加教育评价的次数，可以更好地发挥教育评价在教育教学中的作用。教师每天都可以做课堂小测验，以观察特殊儿童在学习具体的任务或参加小组活动时的表现。通过这些形成性评价，教师能够监控特殊儿童的进步，保证特殊儿童在学习复杂的知识和技能之前已经掌握了必要的知识和技能。通过这些评价，教师还能掌握有关特殊儿童发展变化的最新、最准确的信息，准确地把握教材和教法，并且可以根据需要调整或修改个别化教育计划。

## 三、形成正式文件

个别化教育计划委员会成员编制完各自负责的那部分内容之后，委员会主席就要召集全体会议，对整个个别化教育计划进行讨论和修改。

出席会议的人员除了教师、家长、学校行政人员、学校心理学家等基本成员外，还应该包括提供相关服务的人员，必要时也可以请特殊儿童本人参加会议。

通过仔细地讨论和修改，最后形成一份正式的书面文件。这份文件经家长及其他委员会成员签字后方可生效。

# 第三节　个别化课程设置

## 一、课程的定义

广义的课程指儿童在学校安排、教师指导下为达成教育目的所从事的一切有程序的学习活动；狭义的课程指学校提供的学科和这些学科欲达到的知识、技能、目标，具体为课程标准、课程纲要、教学指导、教学参考书、教科书，等等。

特殊教育课程涉及为何而教——特殊教育目的；教什么——特殊教育教学内容；怎么教——特殊教育教学方法与策略；教得怎么样——特殊教育教学结果；还涉及由谁来教（教师等）、教给谁（各类特殊儿童）、在何处教（教学环境）、运用什么教（教具、学具、教学资源、科技辅具等）。因此可以看出，特殊教育课程贯穿个别化教育教学全程。

## 二、个别化教育应特殊教育课程改革之需

随着教育教学实践和教育研究的深入，教育界和社会对课程倍加重视，而我国在全国范围内进行的课程改革便是明证。

我国特殊教育课程改革体现了保障特殊儿童受教育权利，实现教育平等，提高特殊儿童独立生活能力，促进其平等参与社会，使他们拥有尊严、获得幸福、实现人生价值的定位。个别化教育则作为实现特殊教育课程目标的原则与方法，已在政策、法规层面和特殊教育理论与实践层面被明确提出并实施。

特殊儿童个别化教育课程功能如下：①课程用于特殊儿童教育诊断；②依托教育诊断评量结果，课程是学生个别化教育计划拟订的重要依据；③个别化教学活动设计中反映课程内容；④课程是个别化教学活动实施中的课程；⑤个别化教育课程可以融入学校、家庭、社区教育当中；⑥课程贯穿特殊儿童个别化教育教学全程。

## 三、特殊儿童个别化教育课程的意义

课程是特殊儿童个别化教育的总领和灵魂；课程要关心学生的每一节课、每一个问题。课程还要关照学生真、善、美、圣、健、富的全人

格，即德、智、体、美、劳的全面发展。课程贯通全生涯，含学前、学龄、职业、成人的成长，通过长期教育对学生产生的影响，反映了教育工作者对学生全生涯的关怀。

## 四、特殊教育课程在个别化教育中的运用流程

### （一）教育诊断评量

在各项评量观察中，应有综合性的全人课程评量，也应有针对性的专门课程评量，还应有一日生活的生态化评量。

### （二）个别化教育计划拟订

各位教师、相关人员、家长应运用教育诊断结果，参照个案讨论的教育建议，调看所做的全人课程评量、专门课程评量，依现实具体情况做情境化处理，汇集教学经验，共同拟订个别化教育计划。

### （三）个别化教学活动设计

汇总学生个别化教育计划，进行满足学生发展需求的教学安排、教学活动设计时纳入个别化教育计划中的目标和生态微型课程目标。

### （四）个别化教学活动实施

教学活动实施中除计划内的目标、内容外，还有诸多来自教学现场的通过微型课程形成的目标、内容。

### （五）个别化教育课程在生活各方面（家庭生活、社区生活）的实施

1. 家庭中个别化教育课程的实施

家庭与学校个别化教育教学结合，有一致性的内容、方法、策略，也有家庭生活环境中的课程和教学教育。

2. 社区生活中个别化教育课程的实施

社区生活作为现代生活的重要组成部分，使特殊人群的社区生活品质成为关注点。个别化教育计划中社区生活目标的实施、支持系统的协

助，以及特殊人群对社区、社区对特殊人群的相互需要，均促进了个别化教育课程的实施。

### 五、个别化教育课程贯穿生涯全程

特殊儿童生涯发展包括学前期、学龄期、转衔期、成人期、职业期等各阶段，而个别化教育课程则贯穿全程。

### 六、个别化教育课程综合运用

#### （一）个别化教育课程综合运用维度

个别化教育课程综合运用维度，包含课程运用的流程维度（诊断、评量、拟订个别化教育计划，个别化教育计划实施、评量、修正）、课程运用的阶段性维度（学前阶段、学龄阶段、职业阶段）、课程运用的贯通性生涯维度（生涯成长及转衔教育）。

#### （二）个别化教育课程综合运用过程

在个别化教育课程的具体运用中，应在依据以上维度进行综合性考虑的基础上再因时、因地、因人做出具体抉择。首先，关注全人成长。其次，关注成长各阶段特点及需求。在全人观下，不平均使用力量，而有对某阶段优先发展目标、关键问题目标、不宜目标的把握。最后，将处于各阶段的特殊儿童置于生涯成长的长河当中，要有昨天、今天、明天相联结的课程关照。

# 第四节　个别化教学设计

## 一、教学活动设计

### （一）教学活动

教学活动指教学活动准备与教学活动实施，是教与学双方按预先设

定的活动方式、步骤（即按教学活动设计）在一定的教学场景和教学时空中展开的教学行动，是将写在纸上的目标方案，经师生双方努力，形成特殊儿童的知识与能力的过程。广义的教学活动指教学模式、教学活动设计、教学场景、进行教学、评量、修正教学等步骤；狭义的教学活动仅指进行教学。此处为广义的教学活动。

教学活动是在个别化教育计划拟订、教学进度排出以后，教师为实现计划中的目标，借助教材、教具、学具等媒介，所展开的实际行动。教学活动是个性化教育中最关键、最富实践性的一环，可以使课程目标、个别化教育计划在特殊儿童身上呈现出客观效果。教学活动从谋略到现实，是师生双方互动、共建知识、形成能力的过程。

1. 教学活动的原则

教学活动的原则是以生活为核心，以课程为导向，坚持个别化教育与教学。

2. 教学活动流程

一般教学活动包含教学准备阶段和教学实施阶段。从决定教学模式到安排功课表，再到拟订教学总计划、设计教学活动，均可看作教学准备阶段；从实施教学、修正教学到再评量，可归为教学实施阶段。

### （二）个别化教学活动设计流程

个别化教学活动设计的具体流程：①确定主题目标；②分析主题；③了解学生特性及现状；④确定活动目标；⑤选择教学方法；⑥设计活动（分配时间、活动安排与组织顺序、创设教学环境）；⑦编选教材；⑧运用教学资源；⑨设计评量；⑩形成教案。

### （三）教学活动设计系统说明

教学活动设计犹如作战前的准备，是规划和谋略，如加涅所说："教学设计是一个系统化规划教学系统的过程。"

1. 教学活动设计的特点

教学活动设计着重创设的是教与学的系统。作为一种技术，教学活动设计有着科学的依据并且统揽全局、合理有序，其设计理论与方案纷呈。

2.特殊儿童教学活动设计系统

（1）确定活动主题

主题是对教学结果的陈述，可以是行为目标、学习目标、作业目标，也可以是一个时段的活动题目。主题是进行活动的主要方向，可以是目标、内容，也可以是主要问题。

（2）完成主题目标

主题目标又称作一般目标，是该主题下形成的相应目标，如"我会炒菜"主题下的"会炒简单菜"以及"我会与家人分享自己炒的菜"便是主题目标下的相应目标。

（3）分析主题

分析主题指在主题确立、主题目标形成以后，针对该主题所包括的知识信息含量、特点、规律，为教学活动设计提供顺序、内容、方法、环境等具体的依据。

（4）了解特殊儿童的特点与现状

特殊儿童是教学活动设计的主体之一，是教与学双方中的重要一方。不关照教学对象的教学设计犹如无源之水、无本之木、无矢之的。因此，通过多种途径了解特殊儿童的特点尤为重要。比如，了解特殊儿童的已有的经验、知识，运用认知心理学的理论与实践了解特殊儿童的认知历程、知识结构、题型辨识能力、认知层次、常犯错误类型等，还应了解他们的学习习惯、学习风格及学习动机、态度等。

（5）纳入学生个别化教育目标

从教学活动设计的角度来看，除了主题生成的一般性目标外，纳入学生个别化教育目标是特殊教育教学活动设计有别于普通教育的地方。将学生个别化教育中的目标纳入教学活动，多指将个别化教育中的短期目标纳入小组和团体活动中（个别活动将目标直接纳入）。将学生个别化教育目标配入具体的活动中，千万注意不可因短期目标条目限制而放弃发生在生活与教学实践中的真实性，因为还有大量个别化目标生成于生活、教育现场。

（6）选择教学方法

教学方法指系统地、有目的地完成教学的程序手段，包括办法、技术，是引导调节教学过程的规范体系。教学方法可以体现特定的教育价值观。受特定课程内容制约和教学组织影响，教学方法有很多，常有法

无定法之说。而在特殊儿童教育中常用的教学方法，有情境教学法、工作分析法、单元教学法、直接教学法、游戏教学法，等等。

（7）设计教学活动

设计教学活动又称为教学活动的组织与结构，指教学活动在怎样的时间与空间，怎样的教学环境中，按何种组织形态，依怎样的程序、内容、形式、方法、途径、资源来组织、发展和完成，指对教学活动的规划与安排。

设计教学活动的原则有包括：①一日教学活动设计是关键，不应只设计学科、单元活动，还应设计常规活动；②整合的教学活动设计与分步教学活动设计相结合；③设计教学活动应考虑各种因素，避免遗漏。

设计教学活动在时空维度下均有开始、发展、结束的过程。设计教学活动应以一个学期为基础，在一个大单元，至周、月、单科层面都应有从起始到结束、由过程到结果的相互联结与依存的完整结构。

（8）编选教材

教学过程中，教学内容和教学活动资源均称为教材，比如教科书、教学指导书、教学参考书、练习册、音像资料、教具、学具、教学辅助读物、教学媒体、课件，等等，这是教材的广义定义。教材的狭义定义指教科书，这里取教材的狭义定义。教材是教学内容的媒体和材料。为实现教学目标和教学计划（含特殊儿童个别化教育计划），结合特殊儿童心理特点、认知特点，教师将通过教材这一媒体和材料进行教学活动。

特殊教育教材面向生活，合乎特殊儿童心理特点与知识逻辑特点，满足学生个别化教育需求。教材应是师生互动、共建的产物，可以促进特殊儿童的全面发展。在个别化主题单元教学模式下，教材在教学活动设计与实施中呈现而不是提前选定，应改变传统的教材先行、教材为本，倡导学生为本，由学生个别化教育计划引领。

我国有统编特殊校班教材，多为分科教材。现校本、班本、个别化教育教材编选正处在百花齐放的时期。教材资源库成为个别化教育教材编选的必然产物。

（9）教学资源

教学资源指教学活动设计中必需的人、事、物资源，侧重于物资源，包括教学场地及必需的用品、教具、学具、辅具等多种资源。教学资源不仅为一节课所用，还可以被一个教学单元、一门课程教学选择。

教学资源的选择原则是依据教学活动设计确定教学资源的内容、数量，并决定是选用、购买，还是自己制作；要依据教学资源的功能、特性进行选择。

教学资源用于表现教学内容，宜选取高效低耗资源，且设计资源使用的时机、方式、步骤、次数。

（10）教学评量

教学评量在此有两层含义：一指教学设计当中针对特殊儿童学习目标的评量设定，以检核特殊儿童在教学活动当中教学目标达到的情况；二指针对教学活动设计本身的评量设定，注意对各环节的把控。

（11）教案编写

教案编写可在教学活动设计执行全部流程后形成教学方案。教案是教与学过程的记录，是具有提示性的教学依据。教学评价指标是教案中的教学前评量，形成性、总结性评量。教案编写须遵守的原则包括体现特殊教育目的，清楚明了、详略得当、项目全面，整体活动与个别活动联系评量（教案编写时须指明此活动目标，特别是针对每位特殊儿童在本活动中的个别化教育目标，以及教学前的评量和教学后的评量）。

## 二、教学活动实施

教学活动实施是实战性活动，是按教学活动设计将纸上的谋略、策划变为行动的过程，是教师与学生之间的教与学行为。教学活动实施属于教学实践阶段，须教学双方参与、互动。从狭义上看，教学活动实施仅指按教学活动设计开展教学过程；广义的教学活动实施还包含修正教学和再评量。

### （一）实施教学活动是实践的过程

实施教学活动即实际操作的过程，且有一个从起始到发展到形成结果的过程经历。

### （二）实施教学活动所涉及的内容

实施教学活动涉及教学内容、教学方法、教学态度、教学顺序与组织、教学资源、教学环境六大要素，即教师和特殊儿童均以自己的教与

学的态度，运用教学方法及资源，组织教学内容，在一定教学环境中开始、发展、结束教学活动。

### （三）教学活动实施的特点

教学活动实施是教师与特殊儿童之间，即人与人之间的交互行为。教学活动实施是师生因教与学结成的特定关联，它包括如下特征：①知识的传递过程；②以学生发生变化、有进步和成长为标准；③教学活动实施具有真实性、情境性，因而最具创造性和挑战力；④课堂教学是教学活动实施的主要场景。

### （四）教学活动实施的原则

（1）每位教师应在教学活动中针对有特殊需求的学生实施个别化教育计划。

（2）教学活动实施应因特殊儿童的需求而多样化。

（3）教学活动实施重点在于通过教学事件支持学习过程。

（4）教学活动实施遵循理论联系实际、直观性、启发式、循序渐进等原则。

（5）教学活动实施尊重特殊儿童的多元智慧，促进每位特殊儿童的多元智慧发展。

（6）教学活动实施秉持公正与公平，不让一个孩子掉队。

（7）教学活动的实施会引领特殊儿童成功，形成他们自主学习、自我教育能力。

（8）教学活动要传递知识、形成能力。教学活动必须要有情感的培养，既教书，更要育人。

（9）在特殊教育课程改革中，教学活动实施更强调综合性和以生活为核心，从单一的课程教学向更广泛、丰富的教学活动拓展，更注重发挥特殊儿童个性的个别化教育教学，提供创造性、探究式学习和合作式教学，由此而来的特殊教育教学观、教学模式、教学内容、教学组织形态、教材、教具、教学资源、教学方法策略、教学环境、教学评价、教师角色、学生角色均有大的改变和探索性突破。

### （五）教学活动实施的工作内容

1. 实施教学活动设计中涉及的相关内容

在教学活动准备阶段，经教学活动设计的所有项目均会在教学活动实施中一一兑现，成为教学事实。

2. 从教学活动的组织形式看教学活动实施

团体教学活动、小组教学活动、个别教学是教学活动实施中不同的组织形式。结构化教学与开放式教学的区别在于，结构化教学整体结构完整，各阶段前后承接、环环相连，每个教学环节细微、具体、精致，适用于逻辑性强、规范化的学习。开放式教学活动以活动为导向，教学目标、内容在活动中形成。两种教学活动的组织、进行，教师的引导和角色，学生学习的方法、形式有别，在教学活动实施中应视教学内容、学生具体情况、外部条件而定。

3. 依学生生涯发展的贯通性实施

江山野教授提出了学生从小学到大学毕业的教学过程：总的教学过程（第一教学过程）；一门课从开始到结束的教学过程（第二教学过程）；一门课中的一章或一单元的教学过程（第三教学过程）；一点知识或一节课的教学过程（第四教学过程）。这四个层面组成了教学活动实施的纵横交错的立体系统。

4. 从一日教学安排把握教学活动

这里的教学活动既指写在功课表上的，也含未在功课表上的。通过一天的教学生活，教育、教学在生活的基本时间单元（一天）中被充分表达。

5. 从教学模式到教学活动实施

教学模式直接关系到教学活动的设计与实施，因此分科教学常常讨论数学、语文等学科教学活动的实施。而以生活为核心的教学模式，则重视教学活动实施时生活中的数学、语文、生活知识的学习运用。

6. 以课堂教学为导向的教学活动实施

课堂教学历来是教学论极为关注的焦点，有许多行之有效的理论与实践。

（1）对一节课的要求

①对每一节课的建设就是对教学活动基础的建设。

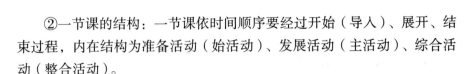

②一节课的结构：一节课依时间顺序要经过开始（导入）、展开、结束过程，内在结构为准备活动（始活动）、发展活动（主活动）、综合活动（整合活动）。

③一节课含教学内容、教学方法、教学态度、教学顺序、教学环境、教学评价六大要素。

④在一节课大的结构背景下，由于选择的教学模式各异，因此在教学的组织和实施程序上就会有差异。

（2）课堂教学中的教师与学生

在课堂教学活动实施中，教师的工作内容包括：备课→导入→提问、依书讲解、答疑→设计、批改作业练习→总结归纳→检查考试→修正等。

在课堂教学活动实施中，特殊儿童的主要工作内容包括：预习→听课→复习→作业→练习→讨论→提问、解疑→系统小结、评价、修正→课外阅读，等等。以上工作在教学活动实施中应被认真对待。

7. 教学活动实施评价

在教学活动实施中依据教学活动设计的项目进行评价，同时注意教学活动实施评价。教学评价包含三个方面：一是学生评价，二是教师评价，三是教育环境支持系统评价。通常经过诊断评价找到起点和问题所在，再开出教育处方，得出形成性评价，确定教学效果，进而进行总结性评价。

# 第五节 个别化教学策略

## 一、教学策略概念

教学策略是现代教学论研究的新课题。对教学策略的定义较多，尚无统一定论。"策略"即策划与方略，有设计与指导的含义。教学策略可以看作教学方案，是教学的实践方案，具体指依教学目的或为解决某一教学问题而根据教学理论和已有的教学经验，结合学生实际和教育教学环境的实际，所做的教学程序、教学内容等安排，是对教学过程与结果进行调控所采用的对策与手段。

教学策略与教学方法有诸多联系，实践中常常联用为"方法与策略"。对于教学活动而言，教学方法具体而有较强的操作性，教学策略则更具指导性与调控性。

## 二、教学策略的形成

教学策略是针对教学目的与问题而形成的。教学策略是为达到某一教学目的，或为了解决某一教学问题而进行的思考和拟订的方案，是建立在已有经验上的创新，且有一定的教学理论背景。

总之，教学策略是从特殊儿童的实际和环境实际出发的。

### （一）指导性与调控性

教学策略指导着教学活动的方向与方法，对教学过程和结果有调节、控制的作用。

### （二）实践与操作性

教学策略适用于教学实践，具有可操作性。

### （三）优化性

教学策略经理论到实践，在反复回馈中提炼，是解决某教学问题的优化方案。

### （四）灵活性与弹性

教学策略会因教学的千变万化而有应对，也会因教学的困难和挫折而修订。教学策略的灵活性及弹性是使教学顺利进行的重要保证。

### （五）表现教学的热情和教学智慧

教学策略的形成与运用，凝聚了教学的智慧。当教学智慧促进教学策略的形成且贯彻于教与学当中时，教学的满腔热情就被表现出来。

### （六）存在的广泛性

教学策略伴随教与学的设计、实施、评量、修正的全过程。教学策略的广泛性犹如教学的丰富性和多元化，故有教的策略、学的策略、实施评价策略、语文教学策略、数学教学策略、教学开始与结束策略、考试策略、练习策略，等等。

### 三、教与学的策略

#### （一）合作学习

合作学习是指在合作的情况下一起工作和学习，以达成共同目标。合作学习是一种利用小组分组学习以提高个人和小组其他成员学习成效的教学方法，可用来教导特定内容，强化学习认知过程，提升学业成就。

1. 合作学习的特点

（1）异质分组。特殊儿童依能力、性别、种族、社会经验背景不同被分入不同小组中，相互指导，相互学习，强弱共存，共同分享不同的学习经验。

（2）积极互赖。全小组成员甘苦共享、沉浮与共。每位特殊儿童均有两个责任，一是学习分配的材料，二是确保所有成员学会。

（3）面对面地助长互动。教师指导学生有效互帮，交换使用资源，信赖别人，也被人信赖，有效处理信息，等等。

（4）评价个人效绩。小组成功界定组内每一成员，而不以一个人的成功来代表小组，采取"共同学习、独自表现"的学习方式。

2. 常用的合作学习法

常用的合作学习法包括学生小组学习法（小组成就区分、小组游戏竞赛、小组辅助个别化学习法、合作整合阅读与写作法、拼图法第二代）、共同学习法、团体探究法、协同合作法、复合教学法。

#### （二）协同教学

1. 协同教学的定义

协同教学是一种异于一般的传统的班级教学，由两名或两名以上的教师和若干名辅助人员组成一个教学团体，充分发挥个人才能，共同计划，在一门或数门学科中应用各种教学资源、合作教学，重在改变教学形态的教学法。

2. 协同教学的特点

（1）不受传统包班制限制，打破班级界限。

（2）充分发挥教师的个别差异，即充分发挥各位教师的专长，让教师能够深入钻研，精巧安排设计教学活动，全力以赴执行教学，在教学

中能获得其他教师的支持和协助，确保教学的成功。行政琐碎事务由辅助人员处理，这样教师更能集中精力开展教学设计与活动。

（3）有较为广泛的支持、合作。协同教学使教师个体变成了教师团体，与其他辅助人员构成了教学团体，使参与教学的人手增多，教学能力增强，教学领域扩大。协同教学最大的特点就是协作。①教学设计由教师团体共同讨论决定，而多次的设计讨论可保证教学活动的质量，也可以提升教师的专业能力。②教学人手增多，有利于对特殊儿童的辅导、关照，同时可以运用大班教学、小组讨论、独立学习等多种学习方法。③与其他教学组织形式相比，协同教学能更多地运用教学资源和各种教学器材，比如录像、幻灯机、拍照、电视、录音，等等。这种教学方式能使教学资源被集中使用，充分发挥其功能。

3. 协同教学的分类

（1）一般协同教学，即协作主要发生在两位教师和两个班之间，也可能会调动其他辅助教师，或少量辅助人员，也可以只牵涉参与协同的两位教师。辅读班 2～3 名教师的合作，也被称为协同教学。

（2）大协同教学，即两个以上班级和两位以上教师的联合，涉及参与的人员更多，调动的教学资源和教学空间更广泛。

## 四、概念教学策略

### （一）特殊儿童概念学习的特点

特殊儿童知识储备量少，原有的认知结构网络很简单，语言、词汇贫乏，语言、语义的记忆、理解差，概念形成困难。

概念的缺失，导致特殊儿童对语言的理解能力偏低，这直接影响到特殊儿童的基础学习与交往。

### （二）特殊儿童概念学习的教学策略

1. 用结构化的教学来教概念

（1）学习材料应结构完整。给特殊儿童提供有待观察的学习情景。学习材料应有良好的组织性和完整性，期待特殊儿童能对整个情景有有组织的反应。正如科勒论述，学习以整个问题的情景领悟为基础，对情景中事物关系的理解构成一种"完型"。特殊儿童不断发生组织和再组织，在不断出现一个又一个完型当中，充实认知结构。认知结构网络的丰富性，对概念的形成有直接影响。

（2）教学过程应是很结构化的。概念教学过程应有较强的结构，一般采用"整体—分化—统整"的教学过程，这也是概念学习必需的过程。

2. 促进知觉学习

（1）扩大特征。特殊儿童遇到需要辨别的特征时，要有意识地扩大有关特征。例如，在教学"上""下"两个字时，教师可用颜色笔突出关键部分。

（2）对比引导特殊儿童做简单到复杂的辨别学习。比如，将小圆放到大圆内对比；"b""d"对比，指出尾巴方向不一样。

（3）多重感官的学习。调动特殊儿童的听、看、摸、说等多重感官进行同一材料的学习。例如，在教学"花"的概念时，教师可以让学生看花、听发音、摸一摸、闻一闻。

3. 依概念形成过程进行教学

概念形成包括知觉辨别与假设、检验。知觉教学可从以下几方面入手。

（1）知觉辨别与假设。为增加辨别，可提供有关这一概念的正例。如碗的概念，让学生看真实的碗，并拍照，看照片等。还可有正例的变式、例证。如大碗、小碗，高碗、矮碗；又如，杯、碟、盘就不是碗，可以用排除法练习，便于突出概念的本质特征。

（2）检验。对假设的检验，特殊儿童可以通过试误等方法进行。教师的回馈对学生来说极为重要。

4. 按学生认知发展阶段的特征进行教学

（1）根据特殊儿童思维简单的特点进行单一因素教学，如把红色的选出来，把苹果选出来。一次只教一项关键性特征，一次只教一种颜色的识别。如教特殊儿童如何比较大小时，就不要涉及长、短的概念。

（2）依特殊儿童达到的理解层次用他们能理解的语言进行教学。如将能吃的东西放在一起，将不能吃的东西放到一起。教师先多使用具体物，再使用图卡、符号、文字；开始用视动、听动让特殊儿童在动作中学习，再发展其口头语言；先教学具体概念、日常概念（日常生活中的事物、现象等），再过渡到定义性概念，如"圆""三角形"，然后再教更高一级

的规则，即定义、公式等。

5. 按概念发展序阶组织教学

下面以对横线概念的认知过程为例，谈组织教学。

（1）大动作的认知。让特殊儿童沿横线（地上）横着走，或在平衡木上横着走。

（2）精细动作的认知。让特殊儿童的手沿桌子边、直尺边或迷津横线去感知横线，或是教师点燃一横排蜡烛，让特殊儿童的目光由左至右追视。

（3）透过动作—知觉认知。蒙画、连虚线、嵌塞横线，等等。

（4）知觉—动作认知。看横线、画横线，或用手指在沙盘上画横线，或直接握笔在纸上画横线。

（5）知觉—概念认知。在日常生活中找出横线，在线段中找出横线。

（6）概念知觉的认知。教学总结横线的概念，让特殊儿童用语言描述横线的操作性特征。

虽然有的特殊儿童语言理解能力差，但在教学中，教师应有语言引导。教师可以让特殊儿童通过动作操作了解此概念，以便语言的教学自始至终都伴随整个教学过程。

## 五、激发动机教学策略

学习动机是学生学习的动力，对人有激励作用，且有明确的目的性，是学生学习态度的表现，会直接影响学习活动能否顺利地开展和进行。然而，部分特殊儿童身上存在着学习动机薄弱、动力不足的情况，因此，激发特殊儿童的学习动机是特殊教育中很重要的一项工作。

### （一）满足特殊儿童的基本需要

特殊儿童的基本需要有生理、安全、爱与被爱、自尊，等等。在教学中，教师应时时考虑特殊儿童是否已获得这些需求。当特殊儿童学习动机不足时，教师首先应从他们的需求满足情况入手调查，且由生理需求至自尊需求的顺序调查。

## （二）了解特殊儿童的兴趣，引导特殊儿童的兴趣

可先对特殊儿童的兴趣进行调查，并在教学中从特殊儿童的兴趣出发施教，引导他们的兴趣。例如，教师可以利用特殊儿童爱听的音乐，让他们自己开、关录音机，这样他们学习起来会更有动力。

## （三）让特殊儿童处于一定的竞争中

班级要有一定的竞争气氛，让特殊儿童在竞争中学习，如"看，谁将这道题做得最快、最好""清洁扫除后，各班评比，发给第一名流动红旗"。但竞争不能过度，否则只会对个别能力强、参与性好的特殊儿童有激励作用，而对一些能力差、发展慢的特殊儿童产生伤害。

## （四）树立榜样

激发动机，可在班上寻找活动做得较好的特殊儿童作为榜样，让其他同学效仿。当然，榜样可能不止一个，但榜样应让其他特殊儿童服气。

## （五）特殊儿童学习后应及时回馈

多对特殊儿童进行表扬与肯定，那么特殊儿童就会愿意再从事此活动，或进行后面的连续活动。

## （六）学习中让特殊儿童成功

特殊儿童经努力之后获得的成功是动机的重要来源。如果特殊儿童成功后，教师还能指出其效果，如"刘红种的这盆花，让整个教室都香了"，将会使该生的成功感更强烈。

## （七）让特殊儿童的学习具有实用性，能看到结果的知识和技能

比如，教特殊儿童用电饭煲蒸饭，让特殊儿童直接享用自己的劳动成果，这样的实效性更能激发他们淘米、蒸饭的动机。

### （八）教学应灵活，有变式

教学活动不应拘于一时一地或固有的单一模式，而应有意识地做些变动。例如，进行完室内、桌面活动之后，有户外的动态活动，让特殊儿童有等待和惊喜，如外出春游、放风筝、爬山活动，等等，会让特殊儿童更加积极、主动地参与。

### （九）告知特殊儿童活动目的

如果在教学前教师能将教学目的预先告诉特殊儿童，那么特殊儿童会为达到目的而投入活动中。比如，在进行粘贴手工课时，教师对学生说："我们要把今天做的手工送给你最喜欢的小朋友，作为'六一'节的礼物。"特殊儿童在目标的指引下会更加投入活动。

## 六、培养注意力教学策略

注意力是学习的主要条件之一。培养注意力主要是针对注意的稳定性而言的，力求让特殊儿童能排除来自外部无关的刺激与干扰，进行自我调控，保证注意稳定的质量。

## 七、记忆力培养策略

记忆力与注意力一样，是学习的主要条件之一。特殊教育重视对特殊儿童短时记忆、长时记忆的培养及记忆术的传授。培养记忆力的教学策略如下。

（1）依记忆阶段培养记忆力。

（2）意义识记训练与机械识记相结合。

（3）集中识记与分散识记。

（4）部分识记与分散识记。

（5）用记忆术记忆。

## 八、模仿能力培养策略

### （一）模仿概念

学习者对学习对象（教师、同学、朋友等）进行观察、体悟以后，在学习对象的指引下（如教师），以学习对象的动作、姿态、表情、语言、行为等作为标准进行的模拟、重复，称为模仿。人的学习起于模仿，模仿能力影响学习的效果。模仿需要注意，无注意不能进行模仿。模仿还要有示范。示范可能是有意的，如教师教导特殊儿童先做有意的示范（教师做下蹲的动作示范，让特殊儿童模仿）；示范也可能是无意的，如甲生将椅子放回原位，他并未教导乙生也要这样做，而乙生以甲生动作为示范，也将自己的椅子放回原位。

### （二）模仿是儿童的天性，学习的起始

特殊儿童因缺陷的存在，进行模仿训练时要扬长避短。听觉障碍儿童首先做视觉、动作、触摸等模仿训练；视觉障碍儿童应加强声音、触摸的模仿训练；智力障碍儿童的听觉、视觉模仿训练可分步进行，最好是动作与声音语言一起配合进行模仿，学习会快一些。比如，"发妈妈（mā ma）"音时可夸大口型给特殊儿童看；教踢腿、弯腰时，可以一边口头指令踢腿、弯腰，一边做动作。训练模仿时还应根据特殊儿童的实际，或者全协助抓住他的手，加口头提示；或者半协助，即口语提示或动作提示。

### （三）模仿训练应做示范，提供例子

教师在示范时，应该有多次重复示范，调动特殊儿童的注意力，让特殊儿童注意示范并模仿示范动作（声音或程序）。

# 第五章　随班就读的班级和学校管理

## 第一节　班级管理

班级教学是现代最具代表性的一种教育形态。一个班级通常由一位班主任、几位学科教师与一群学生共同组成。整个学校教育功能的发挥主要是在班级活动中实现的。班级是学校为实现一定的教育目的，将年龄相同、文化程度大体相同的学生按一定的人数规模建立起来的教育组织。班级不仅是学生接受知识教育的资源，也是学生社会化的资源、学生进行自我教育的资源。班级是学生学习的主要场所，是学生离开家庭开始团体生活的尝试，也是学生进入社会的预备性演练场所。

随班就读的基本含义就是让特殊儿童进入普通班级中与普通儿童密切互动，共享教育资源，共同学习，共同发展。因此，随班就读班级是特殊儿童回归正常学习环境的基本场所。随班就读有效性的实现，依赖于可以给予随班就读个体积极支持的融洽的同伴关系和师生关系的建立，以及能够给予个体更多参与机会的支持环境的创设。[1] 因此，随班就读效能化的实现，需要在多元文化价值理念的指引下，通过物质资源和心理资源的建设优化班级，为特殊儿童和普通儿童的学习与成长提供强大的支持。

---

① 李果，申仁洪. 一个低视力孩子随班就读的叙事研究 [J]. 重庆师范大学学报（社会科学版），2009（1）：124-128.

# 一、随班就读班级的空间管理

随班就读首先是空间上的融合，所以随班就读班级管理首先是空间上的管理。所谓随班就读班级的空间管理，就是对随班就读教室进行空间规划，使之成为支持特殊儿童学习和发展的重要资源。随班就读班级空间管理在本质上就是建立无障碍教室空间和相关设施设备，与之相关的还有学校的无障碍建筑与设施支持。所以在这个意义上，随班就读班级的空间管理在本质上就是对随班就读教室进行无障碍的物理环境的安排，以保证随班就读效能化目标的实现。对于随班就读而言，如果教室环境没有任何的障碍，并且有能力为特殊儿童的学习提供恰当而即时的支持与协助，那么即使学生个体具有某种生理上的器质性的缺陷，也不会在随班就读过程中产生障碍，他可以在班级中行动自如，便利地运用物理空间资源，获得自由而具有个性的发展。

## （一）随班就读班级的空间规划

教室是学生学习的主要场所，是师生公用的空间。在这个空间，主要人物是教师和学生，主要物品包括门窗、黑板、课桌椅等基本设备，进行的主要活动是教育教学活动。随班就读班级的空间管理主要包括教室空间规划、教室空间布置和教室外的空间管理。

1.随班就读教室的空间规划

（1）教室空间规划的基本要求

①功能性。教室空间规划需要考虑到如何发挥教室的功能，保证教育教学活动的顺利进行。这就需要根据教室空间的大小和班级人数的多少，先考虑教学空间，再考虑活动空间，最后考虑教学资源空间，如条件许可，还可以扩大个别补救空间。

②灵活性。为了发挥教室空间的多种功能，需要根据教育教学活动的需要，及时、方便、快捷地对教室空间进行灵活的重组。

③可变性。根据不同的教学主题、教学任务、活动性质、师生互动模式，等等，可以变化教室的空间规划。

（2）教室空间的分隔

依据教室空间规划，在常规条件下，教室可以分隔成学习区、活动

区、教师工作区、资源区。

①学习区。学习区一般为静态教学活动空间，放置学习课桌椅。课桌椅可以根据教学活动的需要，灵活地组合成不同的小单元，如一人单元、两人单元、小组单元、传统的排列组合、多元空间组合等。

②活动区。活动区与学习区域的分隔是相对的，并且可以和学习区相互调整，一般用于特殊儿童课间休息、动态的教学活动。

③教师工作区。广义上的教师工作区有讲台、黑板及其教学辅助设备放置空间。教师工作区既是教学时的控制区域，也是教师处理班级事务的区域，还可以成为补救教学的区域。

④资源区。广义上讲，教室里所有的教育教学设施和设备，甚至是人力都可以被称为教学资源。这里的资源主要是一些不便于在讲台上固定放置的教材、教具、图书资料、课堂资料、简单的运动器具、游戏物品，等等。资源区一般设在教室空间的后部两侧。

此外，一般教室中还有卫生角，主要放置特殊儿童清洁用品；自然角，主要供特殊儿童认识、了解自然和科学常识，放置具有季节性的花草、蔬菜、粮食作物或者其他方便的植物。[①]

（3）教室课桌椅的摆设

教室课桌椅的摆设有常规安排，一般按照与黑板平行的排列方式摆设，便于所有的特殊儿童均在教师视线范围内，保证每位特殊儿童都能看到黑板与教师，都能听到教师的声音。此外，课桌椅还可以摆放成半圆或圆圈的形式，使师生在课堂教学活动中更加融洽、更加亲近，增加师生之间的交流互动，同时可以增加同学之间的交流互动，有利于学生之间的模仿。当教学主题活动为操作性比较强的小组活动（如手工制作、绘画、习字等）时，课桌椅还可以以小组为单位分隔成若干个单元。

2. 随班就读教室的空间布置

随班就读班级的特殊儿童数量、成员构成、教学活动与特殊教育班级相比都有自身的特殊性，因此其教室空间的安排有着一些特殊的要求，总体来讲，无障碍是最高原则。根据无障碍的原则，随班就读教室的安排需要增加教室的安全性、便利性和可利用性。随班就读教室空间安排主要表现在座位编排和无障碍环境布置。

---

① 张文京. 特殊儿童班级管理 [M]. 重庆：重庆出版社，2007：41-46.

（1）座位编排

国内有人遵循"回到实事本身"的态度理解特殊儿童的座位体验，通过对特殊儿童座位体验的描述分析，从座位是特殊儿童在教室的"家"（空间意义）、同学关系、师生关系、认同体验和学习环境意义五个方面来展示座位对特殊儿童的意义，从而整体地握特殊儿童座位体验的一般结构。研究发现，座位安排并不是一个简单的规则或公平的问题，关键是教育者要理解座位对具体学生的意义，然后机智地做出合理的安排。①教室座位作为一种教育资源，影响获得教育资源的机会和特殊儿童课堂交往的机会，进而影响教育过程均等的实现。为此，在对特殊儿童座位进行编排之时，需要遵循"以人为本、面向全体""学习互帮、共同进步""性格互补、共同发展""程序公正"等基本原则。②

随班就读特殊儿童的座位编排，在本质上涉及的问题主要是教育教学过程中的师生互动和同伴互动问题。总体上，随班就读特殊儿童的座位编排要考虑以下内容：教师容易监控与协助的位置；同伴合作与协助的便利位置；较少地受到分心或干扰的位置；靠近黑板的位置；根据特殊儿童的视野状况尽可能安排在教室前面靠近中间的位置；容易听清楚教师说话的位置；容易看清楚教师面部的位置；配合特殊儿童的身高安排位置；允许特殊儿童进行位置移动，以便认读教师或同学的唇语或看清楚视觉材料。

同时，具有不同需要的特殊儿童在座位编排上有着不同的需要。例如，对于双耳戴助听器的特殊儿童，最好将其安排坐在教室中间靠前的位置，便于发挥助听器的作用（一般助听器的有效距离为 2 米），同时也便于看清教师的口型；对于单耳戴助听器或电子耳蜗的特殊儿童，最好将其安排在教室中间或者戴助听器的耳朵在讲桌一侧，这样可以防止出现"头影效应"，提高清晰度；对于配备 FM 无线调频系统的特殊儿童，在座位的安排上没有过多的要求，因为该设备一般有效距离在 25 米～ 30 米。同时，有听觉障碍的特殊儿童的座位编排需要配合教师的行为方有意义。教师讲课时应该注意避免背对学生讲话（特别是听力补偿不好的特殊儿童，更要依赖看口型）；讲到关键的词语时要适当放慢速度，口

---

① 朱光明 . 座位的潜课程意义——中小学座位体验研究 [J] . 教育学报，2006（6）：22-28.

② 徐敏娟 . 从教室座位安排透视教育过程均等 [J] . 现代教育论丛，2007（6）：42-46，51.

型可略有夸张，但也不要特意夸张自己的口型；避免一边踱步一边讲课。教师在单独辅导时应该注意距离要适当，尽可能在助听器的有效距离之内；不要在背光或黑暗的地方谈话，尽量使特殊儿童看清教师的面部表情；适当加一些辅助理解的手语。①

对于视力残疾儿童，在座位编排上至少应该考虑到让其尽量靠近黑板和讲桌，这样才能让特殊儿童充分利用听觉，积极参与教学活动。对于部分需要利用残余视力的特殊儿童，光照条件要满足他们的需要，并且可能的话，允许特殊儿童在特定的情况下自由移动，以便更多地看清楚相关的信息。教师需要配合特殊儿童的状况，在和视力残疾儿童讲话时不要背对光源，以避免他们追逐光源，分散注意力；和视力残疾儿童说话时，话音要保持正常，以免过强的音量超过视力残疾儿童的需要，引起他们的挫折感；与视力残疾儿童说话时要先点出名字，以引起其注意；当视力残疾儿童进入教师所在的房间时，教师应该直接与他说话或者发出某种声音，以便其知晓教师的存在；黑板上的板书不要写在强烈反光的位置，并要保持板书的整洁；做演示时允许特殊儿童靠近观看，或让他们参与演示。

对于智力落后儿童，其座位的编排要满足他们的特殊需求，如是否有视觉和听觉上的特殊需要；对于动作过多的特殊儿童，要使其坐在教师的有效控制范围内，以便控制其行为，以免影响课堂教学的顺利进行，同时要经常对其进行个别辅导，安排其坐在教师随时容易关注到的位置；教师要考虑到充分利用同伴互动，安排纪律性和学习较好的学生作为特殊儿童的同桌。

（2）教室环境布置

教室环境的布置主要指师生利用教室空间（如墙壁、教室的转角、空余空间等），通过点缀创设出适合特殊儿童心理特征及教学活动的环境。

教室环境布置的步骤：①根据班级特殊儿童的实际布置，包括考虑特殊儿童的年龄、身心发展特征、残疾状况和特殊需求；②确定教室的布置项目，如表扬栏、学习园地、名言警句、清洁值日安排、行为规范、课程表、日期和时间、天气，等等；③确定各项目的表现形式及内容；

---

① 郭俊峰. 从细微处着手促进残疾儿童随班就读 [J]. 现代特殊教育，2006（Z1）：83-84.

④确定各项目的空间位置；⑤确定教室空间布置的总体格调；⑥准备物品布置教室。

教室环境布置要求满足以下条件。①满足教学活动的需求。教室空间布置首先应该考虑教学活动的需要，根据不同的教学主题进行。考虑到特殊儿童注意力容易分散，布置教室时应该尽量减少分散特殊儿童注意力的刺激物摆放。②满足班级管理的需要。班级管理的许多活动可以通过教室空间布置来完成，如教室常规要求、特殊儿童评比奖励、时间控制、课表与活动安排等。③符合特殊儿童年龄与心理特征。随着年级的增加，教室的布置需要做出相应的变化。年级越小，教室布置就越色彩丰富、活泼与直观；年级越大，教室的空间布置就越倾向于内容丰富，逐渐抽象且具有启发性。④美观。教室的空间布置要遵循美观原则，使特殊儿童身处其中并能享受到美的感受和美的熏陶。⑤有变化。教室的空间布置随着教学活动主题、班级管理内容、年级增长、季节更替等内容的变化而变化。⑥节俭。尽可能利用常规物品和废旧物品，提高师生动手能力和创造能力。⑦特殊儿童动手。尽可能让特殊儿童自己动手布置教室，强化特殊儿童的参与性和主动性。

在总体上，学校可将随班就读教室安排在一楼，以方便特殊儿童出入；要求注意采光、温度、通风、色彩、运动路线等因素，以便增强特殊儿童对教学信息的获得和接受；降低教室的复杂程度，使诸如肢体残疾和身高不足的特殊儿童可以比较容易取得和使用相关的物品资源；增加教室物理环境、设备和器材的安全性，以免发生危险（如防滑垫、避免有尖角的器具）；为肢体残疾的特殊儿童安排大小适当的空间，以便放置和使用辅助器材及进行适当的活动；考虑特殊儿童需要的课桌设计（如为上肢残疾的特殊儿童提供可以调整和旋转的桌子）；为低视力的特殊儿童提供桌面倾斜的桌子，以便使其能够不弯腰就可以看清相关东西等；尽量减少容易引起特殊儿童情绪烦躁和情绪行为问题的物理刺激因素（如色彩、噪声控制）；尽可能减少容易引起学生注意力分散的刺激物；在进行教室环境布置的时候，需要注意将功能的结构化和多样化、动态性相结合；注意创设及时反馈特殊儿童学习与行为表现的教室环境；要与教学主题、教学内容和特殊儿童的兴趣相匹配；要有利于操作和使用，尽可能突破学习环境的限制。

对于视力残疾儿童随班就读的教室环境布置还有着特殊的要求：①

让其熟知并相对固定教室内各种物品与设施的布局，如课桌椅的排列、讲桌、书架（书柜）、黑板、黑板报、通知（公告）栏、门口、窗户、清洁物品、课程表、废纸篓的位置，等等；②让其认识并记住自己座位的位置，如第几排，前后、左右座位的情况，座位到教室门口（前门和后门）的通道走向，出教室门（前门和后门）向左还是向右走，经过几个门，靠哪一边是厕所（或教师办公室、图书阅览室等）；③让其熟悉自己的教室在第几层楼，进大楼或上楼梯向左还是向右转，靠哪一边第几个门口，与什么标志性东西相邻，等等；④教室的门要么关闭，要么敞开（因为在半开半闭情况下，视力残疾的特殊儿童很容易根据其他线索认为门是敞开的，从而发生危险和意外）；⑤教室墙上的各种布置要适当降低高度，以便其能够看清楚或者触摸到；⑥教室内应该保持安静，避免噪声，以便让其获得有用的信息；⑦对于使用盲文课本或大字课本的特殊儿童，应该提供专门而适当的位置，以便其放置这些课本（因为盲文和大字课本体积大而且笨重）。

3. 随班就读教室外的空间管理

教室外空间管理是指室外走道、操场、厕所、运动场等与教室空间和班级管理密切关联的空间场所。这些空间既可能是教学活动场所（如操场、演出厅），也可能是特殊儿童的休闲娱乐区域。对这些空间的有效使用和周到管理，既可能形成一所学校的潜在文化，对特殊儿童产生潜移默化的影响，又可以扩展师生之间的活动空间，有利于增加师生的互动模式、模拟教育教学训练（如交通设施和交通规则训练）。对随班就读学校的改造，无障碍是基本的要求。无障碍的学校建筑与设施包括提供无障碍学校设施，如改造厕所、运动场、游乐场、食堂、学生宿舍等；学校各地点更加容易出入的出入口，如设计容易开关的门或者使用电动门、出入口宽敞、方便轮椅进出；便于特殊儿童在校园中自由行动，如无障碍电梯使用、辅助行走栏杆、平滑的坡道代替梯步、导盲通道、防滑地板，等等。

总体上，随班就读教室外空间管理要按照特殊教育学校的标准对学校环境的物理设施实行无障碍改造，特别是对于有肢体残疾和视力残疾学生随班就读的学校而言更是如此。

### （二）随班就读空间环境调整策略

环境增加的目的在于扩大特殊儿童的学习空间，使其获得更多的刺激和更多样化的选择机会，减少环境对随班就读特殊儿童的限制。环境增加包括环境的丰富化和扩大环境空间两个基本方法。环境的丰富化在于为特殊儿童提供灵活、多样化的环境空间，以保证特殊儿童有事可做。例如，在教室一角放置图书、玩具，等等；在家庭中的一角设置活动游戏场地、放置各种玩具和相关道具，等等；在恰当的时间播放轻松、愉快的音乐，从而营造和谐、快乐的环境氛围。扩大环境空间在于减少环境的限制，扩大特殊儿童的空间活动范围，如把他们带到公园、游泳池、广场、体育馆、图书馆、科技馆、少年宫等场所；把他们带到庭院、屋顶、操场、海边等可以大声喊叫的场所，使其可以发泄心理压力，减少负面行为的发生。

## 二、随班就读班级的时间管理

随班就读班级的时间管理主要是对随班就读的教育教学活动进行恰当安排，保证特殊儿童学习活动的顺利开展，并达成预期的目标。随班就读班级的时间管理集中表现在课程表、作息时间表、特殊儿童的个别化教学计划表等方面。其中，对于特殊儿童的个别化教学计划我们在前面已经进行了详细讨论，因此这里主要就课程表、作息时间表进行介绍和讨论。

### （一）课程表管理

课程表是帮助特殊儿童了解课程安排的一种简单表格，简称课表。课程表分为两种：一是特殊儿童使用的；二是教师使用的。特殊儿童使用的课表与任课教师使用的课表在设计结构上都是一个简单的二维表格，只是填写的内容有所不同。课程表反映的是特殊儿童学习科目或学习领域在时间上的安排。

课程表需要的元素有"标题、日期、课序、课程"四方面。课程表的功用在于让特殊儿童和教师明白为了达成学习目标，需要学习什么科目、开展什么活动、学习多少时间，等等；让特殊儿童和教师知道在什么时间学习什么内容。课程表一般在每个学期开学前就被排定出来，因

此它给特殊儿童及其家长提供了预期的学习内容，便于特殊儿童及其家长提前准备和预习学习内容，安排相应活动。

随班就读课程表的管理十分重要。按照我国普通基础教育的一般操作规程，课程内容必须是由学校教学处根据教育部规定课程的要求和特殊儿童所处的年级（班级）来安排制订。因此，课程表通常是由学校教学处根据教育部、地方教育部门规定的课时，按照学时需要排课。因为各科目和相关活动具有相对统一的课时要求，所以学校对于课程安排的权利仅仅在于将相关课程或活动安排到不同的时间而已，而这种统一化的课程安排在很大程度上可能会导致具有特殊教育需要的学生在随班就读中学习失败。

在课程表管理方面，应该尽可能地照顾个别化的学习需要，其可能的方法包括：①为特殊儿童制订具有较大弹性的个别化的课程表（如主要活动性的课程与普通学生保持一致，对具有较大问题的学科科目的学习进行单独辅导；或者主要学习时间和学习科目与全班保持一致，增加补救教学时间或补救教学活动；单独设置特殊课程与相关支持服务；等等）；②在课程表上尽可能预留弹性学习时间，让教师有更多的自由安排时间，以增加对个别差异的适应性调整；③考虑特殊儿童在一天之中效率较高和效率较低的时段，那些排在特殊儿童学习效率相对较高时间段的内容应该是比较重要的，这就意味着需要了解特殊儿童在一天之中什么时间学习效率相对较高；④将活动性的课程或者具有较强趣味性的课程安排在特殊儿童比较容易疲劳的时间段内；⑤在课程表的安排上尽可能注意不同科目和学习领域之间的互补，尽可能错开安排性质相同的学习科目和学习领域，做到文科和理科、认知与活动、记忆与操作等的交叉排列；⑥避免一门学科的内容连着上两课时，以免违反特殊儿童身心健康发展的客观规律，违反特殊儿童的认知、记忆规律；⑦注意各教师、相关服务支持人员的衔接，为此需要在课程表的安排上加以协调；⑧及时地将每一位任课教师和支持性服务人员的周课程表发至本人，并通知从接到课表之后，准备相关教学资料，设计教学计划和进度表，认真备课，并查找相关资源。

资源教室课程表是随班就读课程表的重要组成之一。资源教室课程表有两种主要设置形态：一是依据普通班的学习内容，主要对特殊儿童文化课成绩进行课后辅导与督促其课前预习，与普通班无异；二是根据

特殊儿童的兴趣爱好、能力等安排额外活动。合理的资源教室课程表安排，可以增加特殊儿童的学习兴趣，提高其学习质量，完善随班就读体系，使特殊儿童的知、情、意、行得到全面发展。

**（二）作息时间表管理**

对于学校而言，作息时间表应该是特殊儿童一天之内的学习历程的时间安排，即特殊儿童从早上进校到下午离开学校这段时间所经历的一切活动的安排。如果是住读的特殊儿童，则是从早上起床到晚上就寝之间所经历的一切活动的安排。作息时间表既反映了特殊儿童在学校的一日活动与一日生活，又反映了他们在学校的学习内容和学习过程。作息时间表是学校教育教学全过程中最基本、最完整的活动历程的基本表达形式。

随班就读作息时间表管理原则遵循普通学校的基本规范。作息时间表的基本要素如下。①时间。对一日时间进行单元划分和活动分配是作息时间表的基本特征。课程与课程之间、活动与活动之间既要相互区别，具有明确的时间分段，又要相互衔接，构成连续的活动流程。②活动内容。与时间段联系在一起的就是活动的安排。正是因为活动内容，作息时间表才具有教育教学的意义。③活动参与者。作息时间是人的作息时间，这就涉及学习活动的主体和活动的支持者。

随班就读作息时间表的安排和管理需要服从和服务于教育教学的目标与功能。为了达成这一要求，随班就读作息时间表管理需要遵守一些基本的原则。①差异性。依据特殊儿童的年龄、健康、体能和注意力持续时间，对作息时间表中每项活动的时间长短要留有弹性空间，如对于年龄比较小的特殊儿童，要缩短每节课的时间，对于某些特殊儿童，可以调整其在学校学习时间的长度；根据特殊儿童的生理、心理和情绪状况安排作息时间表，如可以在其他同学午休时间内，为某些精力旺盛的具有注意力缺陷的特殊儿童安排相应的活动；依据特殊儿童的能力状况对其作息时间进行弹性调整，如对于肢体活动困难或动作不协调者，就餐时间可以适当延长，允许其在活动之间有更多的转换时间。②稳定性。尽量依照预定的作息时间表进行活动，如果有变化，需要提前告知特殊儿童，以便其做好准备。③预告性。作息时间表一旦被确定，就要在显眼的地方张贴以告知特殊儿童，并将备份通知家长，这对那些具有适应

性困难的特殊儿童特别重要。④简便性。要确保作息时间表能够被特殊儿童充分理解。⑤弹性。在正式课堂学习之外，留有时间安排的弹性空间，以便特殊儿童能够选择和安排合适的补救教学或休闲活动。⑥互补性。作息时间表里的各项活动性质应该互补，做到动静结合、课内学习与课外学习相结合、脑力活动与操作活动相结合、小组团队活动和个人活动相结合、知识学习与特殊技能训练相结合，从而保持特殊儿童的学习兴趣。⑦衔接性。注意各时间段之间的衔接，在各课程学习、各学习活动之间预留转换时间，保持课程与课程之间、活动与活动之间、课程与活动之间的衔接与流畅，从而保持一天活动的整体性。

# 第二节 学校管理

马克思指出："一切规模较大的直接社会劳动或共同劳动，都或多或少地需要指挥，以协调个人的活动，并执行生产总体的运动——不同于这一总体的独立器官的运动——所产生的各种一般职能。一个单独的提琴手是自己指挥自己，一个乐队就需要一个乐队指挥。"① 这里，马克思指出了管理的职能及重要性。管理就是为了实现一定目标，由专门机构和人对组织中的各种资源进行计划、组织、指挥、协调和控制，以达成最大的功效而进行的活动。管理是一个体系，其中包含目的、过程、资源及成效。学校管理就是学校通过一定的机构和人，使学校沿着一定的方向，维持学校按教育规律正常运转，使其不断获得发展和提高的手段。学校管理是达成学校教育目标，提高工作效率的一种总体作用，其功能是对学校教育总过程的一切活动和资源进行计划、组织、指挥、监督和调节，以便实现全面提高教育质量的目的。②

随班就读是指在普通教育机构中对特殊儿童实施教育的一种形式，它不是把特殊儿童简单地放在普通班里了事，而是要创造条件，为他们提供适当的教育。随班就读学校本质上与普通学校相同，但是它是普通教育与特殊教育相融合、特殊儿童与普通儿童相融合的学校，其本身的性质决定了随班就读学校管理的特性。因此，随班就读学校管理可以这

① 马克思，恩格斯. 资本论：第一卷 [M]. 北京：人民教育出版社，1975：367.
② 江月孙，赵敏. 学校管理学 [M]. 广州：广东高等教育出版社，2000：6.

样定义：普通学校在不影响正常教学的前提下，以全纳教育理念为指导，通过调整原有资源，达到为特殊儿童提供适当教育，实现教育平等目的的一种手段。它是保障特殊儿童受教育权的一种方法，其功能是对学校内部资源进行规划、调整，对教育结果进行监督，以保障特殊儿童受教育的权利。

## 一、随班就读学校管理的内容

随班就读学校除了为特殊儿童提供受教育场所外，还包括教育设施、教育人员、教育方法、考评方式等方面，具体到开展随班就读的班级有哪些相应的管理内容。例如，北京市随班就读学校管理内容主要包括四个方面：接纳入学、教师及班级选定、学生档案管理、升级留级及毕业去向。① 因此，关于随班就读学校管理的内容，我们可以从两个层面进行分类：一是学校行政事业管理；二是随班就读教学管理。

### （一）随班就读学校行政事业管理

学校行政事业是教学活动能够正常进行的保障。针对随班就读学校，学校行政事业管理主要包括以下三个方面。

1. 随班就读政策的落实

国家和地方出台的随班就读政策，最终要靠学校来落实，而在落实的过程中就涉及随班就读政策的解读。落实政策的前提是了解政策。在进行随班就读学校管理时，学校首先要做的是了解有关政策，掌握政策的要点，把握政策方向，然后制订实施策略，把随班就读工作落到实处。其次，学校还要负责宣导工作，让普通学生和家长了解特殊儿童及随班就读政策，减少他们的抵触情绪，保障随班就读工作的开展。最后，学校与特殊儿童家长建立持久的联系，促成家长与学校之间的合作。

2. 随班就读学生管理

从一名特殊儿童进入学校起，学校的管理工作就开始了。首先，对特殊儿童的学籍进行管理。普通学生进入学校学习后就会拥有自己的学籍，特殊儿童也不例外。国家规定，随班就读的特殊儿童拥有双学籍，一是普通学籍，与一般学生无异；二是随班就读的学籍，记录特殊儿童

---

① 李慧聆. 听力残疾儿童随班就读工作手册[M]. 北京：华夏出版社，1993：227－232.

的随班就读情况及教育措施。普通学籍内容与普通学生一样；随班就读学籍包括残障类型、学生基本能力、个别化教育计划、教学方法及内容、各阶段考核成绩，等等。其次，对特殊儿童学习情况的考核。考核内容包括特殊儿童能力发展水平及个别化教育计划的实施情况。学校要负责组织教师和家长开个案会，对特殊儿童做出全面的评估，并制订符合特殊儿童情况的个别化教育计划。如果考核结果显示，特殊儿童已经可以跟上班级的正常学习进度，且开始合格，则取消去随班就读学籍，视其为普通学生。最后，学制和毕业去向。因为随班就读已经纳入义务教育进程，所以一般不会让特殊儿童留级，但经过评估确实不能完成规定内容的，可以选择重读。特殊儿童毕业要发毕业证，可以推荐其去职业学校就读，或者进入高一级学校继续随班就读。

3. 随班就读教师（资源教师）管理

对随班就读教师的管理主要涉及四个方面。一是教师的选择。随班就读教师最好选择有特殊教育背景的人担任，这样能更好地为特殊儿童提供支持。但是，在普通学校中，有此类知识的教师数量较少，而普通教师无法完全胜任。在这种条件下，学校可以采取两种方式解决问题：一种是从特殊教育学校聘用专业特教教师，另一种是目前随班就读学校最常用的，对普通教师进行职前培训。此外，随班就读教师一定要有责任感，爱护特殊儿童，还要有耐心，能够接受特殊儿童的学习进度和能力。二是教师培训。随班就读教师必须要有一定的特殊教育的知识，否则很难胜任该项工作。这就要求学校要做好教师的职前培训，内容包括特殊儿童身心发展特点、特殊教育方法、个别化教育计划的制订与实施，等等。学校要及时了解教师在教学过程中遇到的问题，并给出切实可行的解决方案。另外，仅有教师职前培训是不够的，也可利用寒暑假时间，集中开展有关特殊教育的培训，帮助教师胜任这一工作。三是教师考核。对随班就读教师的考核应该有特殊的标准，不能以学习成绩为定论，要把特殊儿童的评估结果及教师制订和实施个别化教育计划的能力结合起来。四是资源教师。这类教师拥有特殊教育的专业知识，在资源教室可以为特殊儿童提供专业支持或课外辅导以及生活能力训练，等等。对这类教师的选择和考核也应该遵循随班就读教师管理原则，公平、公正地对待他们的劳动成果，只有这样，才能调动教师的积极性，保证随班就读的特殊儿童接受有效的教育。

## （二）随班就读学校教学管理

教学是随班就读的核心，而教学质量是随班就读的生命，关系到随班就读能否持续发展。[①] 教学事务是学校管理的中心，学校所有活动都要围绕教学事务展开，保障教学活动的顺利进行。具体分析可知，随班就读学校教学管理主要可以分为以下五个方面。

### 1. 教学环境调整

随班就读的特殊儿童在适应普通环境上存在困难，因此当他们进入普通学校时，学校的环境要做出适当的调整以适应他们的需求，建设有效的学习环境。首先，转变学生、教师的观念，营造一个热爱、关心特殊儿童的环境，让这些特殊儿童从教师和同伴身上获得更多的认同及支持。其次，无障碍环境的建设，例如，可为盲或低视力特殊儿童设计盲道、语音系统提示；为听觉障碍儿童提供视频投影设备，用灯光的闪烁代替铃声；为智力落后儿童提供文字标语提示；等等。最后，减少班级人数。根据国外经验和我们的实践证明，采取小班形式上课，有利于教师对所有学生的关注，而且更适宜特殊儿童的个性发展。[②] 因此，有特殊儿童随班就读的班级可适当减少普通学生的数量，便于教师对特殊儿童的关注和个别化教育计划的实施。

### 2. 教学目标调整

随班就读作为义务教育中的一环，其教育目标应该遵循义务教育总目标。无论哪种性质的教育或儿童，在教育目标上是没有本质区别的，对于这一点，每一位教育工作者，尤其是随班就读班级的教师都应该深刻牢记。教育目标的一致性决定教学目标的一致性，因此，随班就读的特殊儿童的教学目标应该与普通学生相同，但是要根据特殊儿童的身心发展特点，做出适当的调整和侧重。例如，对于智力障碍的特殊儿童来说，知识学习存在困难，生活技能应该作为训练的重点，因此，针对此类特殊儿童的教学目标应该放在生活知识的学习上，而文化知识的学习与其他学生相比则可以降低要求。总之，在教学目标的制订上既要突出

---

① 徐白仑，纪玉琴. 建立三项管理体系确保随班就读质量 [J]. 现代特殊教育，2010（3）：18-20.

② 金野，宋永宁. "构建智障儿童普校良好教育安置模式" 的研究报告 [J]. 中国特殊教育，2007（4）：22-27.

一致性，又要体现差异性，不能"一刀切"，也不能只关注个别而忽视一般。

### 3. 教学支持建构

教学支持主要是针对随班就读教师而言的，是指这些教师可以从哪些方面获得教学支持。第一，学校安排的教师培训。岗前师资培训是解决随班就读教师资源不足的捷径，但不能作为长久之计。国际上，职前教师培养课程中都会有特殊教育内容，以满足日后从事全纳教育的需要。然而，仅有岗前师资培训是不够的。随班就读的最早实践者徐白仑曾经在一篇文章中介绍了"分阶段"的培训体系。该培训体系不仅包含职前培训，还在第二年、第三年分别进行了"经验交流式培训"和"系统理论培训"，保证教师顺利开展随班就读教学。第二，资源教师及专业特殊教育学校。资源教师与普通教师的配合在前面已经介绍过，这里主要介绍特殊教育学校的作用。我国特殊教育格局是以一定数量特殊教育学校为骨干，以大量的特教班和随班就读为主体。其中，"特殊教育学校骨干"就说明了当今特殊教育学校的作用，即特殊教育学校不仅要负责残障程度较重的特殊儿童的教育工作，还要担负起本地区特殊教育发展的指导和辅助工作，因此随班就读教师可以从专业特殊教育教师处寻求支持。第三，其他任课教师。随班就读教师要加强与其他教师之间的合作，从他人处吸取经验以弥补不足，从而解决问题。

### 4. 教学内容选择

随班就读的教学内容实际上可以分为两个部分：一是常规教学内容；二是特殊教学内容。教学内容要为教学目标服务，而对于特殊儿童，应根据他们的教学目标有所选择。常规教学内容是为了完成义务教育的目标而制订的，与普通学生的教学内容相同，但必须根据特殊儿童的能力做出调整。与教学内容调整同时进行的还有教材调整。针对视力、听力、智力障碍儿童，国家颁布了相应的规定教材，可以以此为参考调整普通教学内容。特殊教学内容应该根据特殊儿童的个别化教育计划选择。这些特殊教学内容一般不在普通班级内随普通班级的教学完成，大部分内容要在资源教室中利用课后或者其他时间由资源教师完成，而这部分内容最能体现特殊儿童对特殊教育的需求。

### 5. 教学效果评价

如何对随班就读的教学效果做出评价呢？一要做到有效评价；二要

做到合理评价。学校要为特殊儿童单独设立一套评价体系，且不同的特殊儿童有不同的侧重点。评估的内容主要依据特殊儿童的教学目标制订，参考特殊儿童的个别化教育计划，以求对特殊儿童的能力做出全面评价。同时，评估体系中还要包括教师评价，评估教师的教学策略、个别化教育计划的制订与实施。

## 二、随班就读学校管理的要求

学校在随班就读支持体系中与家庭处在同样重要的位置，学校管理质量直接影响随班就读的效果。那么什么样的管理才能被称作有效管理呢？有效管理必须遵循以下三个原则。

### （一）以教学为中心

学校的中心事务是教学，其余的工作都是为教学服务的。该原则的主要内涵是学校管理要在统筹兼顾各方面的前提下，突出教学管理的中心，其他各方面要为提高教学质量做铺垫，处理好整体与中心的关系。学校管理除了教学事业管理之外，还有行政事业管理。以教学为中心，并不意味着要放松行政在学校管理中，要做到两手都要抓、两手都要硬。

### （二）以学生为本

学校的主要人员是学生，因此要本着一切为了学生的原则进行管理，这一点在随班就读学校尤为重要。学校在管理的过程中，一定要坚持以学生为本的原则，把特殊学生和普通学生放在同一平台管理，用同一种态度、采取相同的方式对待特殊学生，不能因为特殊儿童身心存在障碍就忽视他们的存在，更不能同情心作祟，对特殊学生过分宽容。在学校管理中，管理者要牢记这一点：随班就读学生进入普通学校，就是一名普通学生，在教学上可以与其他同学不同，但是在其他方面要采取统一的管理体制，尽量避免为特殊儿童贴标签，造成不良后果，影响随班就读的教学质量和特殊儿童身心的健康发展。

### （三）责任归属

所谓责任归属，就是各项工作由专人负责，并明确规定在职责范围

内进行管理的制度。没有责任制，就不能保证工作的质量，也不能提高工作效率。学校作为一个系统，是由不同的部分组成的，而要想整个学校有效运行，每个部分都必须认真完成自己的工作。随班就读学校不同于普通学校，它是"普特"结合的产物。尽管随班就读的特殊儿童的数量不多，但是学生之间的相互影响是不可避免的，这为学校增添了许多不安定因素。因此，学校应该建立工作小组，专门负责随班就读工作。小组中的成员各司其职，哪个环节出现问题，就由谁来承担责任，从根本上保证随班就读的特殊儿童的权利，保护他们及其父母的脆弱的心。

# 第三节　心理建设

## 一、对随班就读特殊儿童进行心理健康教育的原则

### （一）针对性原则

随班就读的特殊儿童与正常的同龄儿童相比，在身心发展方面有自己的特点，因此对他们进行心理健康教育时，必须根据他们的身心发展特点和规律，有针对性地进行。在实施心理健康教育的过程中，要充分重视每位特殊儿童的个别差异，扬长避短，因势利导，因材施教。

### （二）发展性原则

教师在对随班就读的特殊儿童进行心理健康教育时，要注意以发展变化的观点来看待特殊儿童出现的问题，不仅要在对问题的分析和本质的把握中善于用发展的眼光做动态考察，而且在对问题的解决和教育效果的预测上也要具有发展的眼光。由于特殊儿童有其独特的个性，容易冲动，易受暗示，教师要善于揣摩他们的心理，做到在问题发生前及发展中，给予必要的预防和干预。

### （三）全面性原则

对随班就读特殊儿童进行心理健康教育时，应从其个体心理的完整

性和统一性、个体身心因素与外界环境的制约性和协调性，来全面考察和分析随班就读特殊儿童的心理问题的形成原因并找出对策，既要补偿其生理不足，又要补偿其心理发展的不足；同时要整合学校、家庭和社会各方面的教育力量，使随班就读特殊儿童的心理健康教育有效、持久地展开，以获得学校、家庭、社会全方位的支持。

### （四）主体性原则

在对随班就读特殊儿童进行心理健康教育过程中，要尊重特殊儿童的主体地位，注意采用一些有效的方法调动他们的主动性、积极性；同时，既要尊重他们的人格与尊严，不使他们产生抗拒心理，又要给他们一定的帮助，使他们的独立需要得到满足，从而使其主体作用得以发挥。只有师生双方在人格上平等、心理上相容时，特殊儿童才能放开自我，积极配合教师的教育措施，使之心理健康教育取得良好的效果。

### （五）成功性原则

在心理健康教育工作中，教师要尽量使随班就读的特殊儿童产生成功的愉快体验，减少失败的不愉快体验，从而避免因进一步失败导致他们对各方面的学习动机下降的情况出现。因此，教师可以为特殊儿童提供一次或多次的成功体验，以引起他们对各学科学习的兴趣，增强其自信心。

### （六）活动性原则

人的心理品质是在活动和交往中形成的。没有社会性的活动和交往，个体的心理就只能停滞在动物的水平上。因此，想要对特殊儿童进行心理健康教育，就必须组织丰富多彩、形式多样的活动，来引起他们的兴趣，并通过系列活动让他们重复参与各种训练和练习，提高其社会性的活动和交往的能力，使其形成健康的心理品质。

## 二、对随班就读特殊儿童进行心理健康教育的途径

### （一）通过课堂教学推进心理健康教育

一方面，课堂上要求任课教师对随班就读特殊儿童加强个别指导，

做到"四多"。

（1）多发现。教师要留心发现随班就读特殊儿童身上的可发掘资源，扬其长、避其短，使其发展机会大大增加。

（2）多指导。根据个别教育计划，教师要对随班就读的特殊儿童进行细致入微、不厌其烦地指导，对所学内容，先安排家长、助学伙伴帮助其预习，课上再设计适当的方式引导其学习。

（3）多交流。这些特殊儿童由于先天原因，与别人沟通的机会少了许多，容易产生自卑情绪，学习中遇到困难不容易解决，因此教师要有意寻找机会摸摸他们的头、拉拉他们的手，与他们拉拉家常，很自然地就会发现他们在语言上、思维上存在的问题，并予以指导帮助。

（4）多鼓励。当随班就读的特殊儿童每说好一句话、读好一段文、写好一个字、做对一道题时，教师都要给予适当的表扬、鼓励，在学校的评价手册、争星手册、家庭德育积分手册上记录他们的闪光之处，因为亲切的鼓励会时时激起特殊儿童们上进的欲望。

另一方面，各任课教师要注意将心理健康教育渗透进所教课程里面。因为在各科教学中，教师最熟悉学生和教学过程，能及时发现特殊儿童的反常情绪或行为，所以需要教师在许多关键性问题上和细微之处将心理健康教育具体化和深化，并结合学科内容对他们进行心理健康教育。

### （二）开设专门的心理健康教育课，由专职心理健康教育教师进行辅导

因为心理健康教育有着丰富的内容和独立的体系，所以需要专门设置一个科目来完成它艰巨的任务。在随班就读班级开设心理健康教育课，由专职的心理健康教育教师有针对性地对特殊儿童的心理健康状况开展有效的心理咨询、心理辅导及心理矫治，使他们的心理得到健康的发展。

### （三）将心理健康教育融入班、队活动中

随班就读的特殊儿童在接受九年义务教育中主要加入的团体是少先队，且少先队的活动占据了其相当多的活动时间。因此，教师在组织少先队活动时，要注意突出心理健康教育的内容，要从心理健康教育的角度去认识特殊儿童，不断创造机会去展示他们，张扬他们的个性，从而

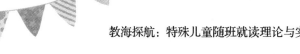

培养他们健康的心理素质。此外，教师还可以利用班会课组织特殊儿童开展形式多样的心理健康教育活动，维护和促进特殊儿童的心理健康。

### （四）充分发挥特殊教育资源教室的作用

资源教室是对随班就读的特殊儿童进行心理健康教育的一个场所。资源教室中相应的设备可对特殊儿童的心理及行为进行衡量，全面了解他们的生理和心理特点、社会适应能力、学业成就及心理健康水平等，分析他们需要的心理健康教育内容及需求的程度并制订个别化教育计划。在资源教室对特殊儿童实施心理健康教育，保障了他们的心理健康发展，增强了他们的自我意识和自信心。

## 三、对随班就读特殊儿童进行心理健康教育的方法

### （一）关注特殊儿童，引导他们正确认识自我

在普通班就读的特殊儿童，由于自身原因，往往是班里的弱势群体，他们更渴望关怀和爱抚，希望同学能和自己交往，希望教师能亲切地与自己交流，如果长期缺少交往，得不到教师的关爱，他们会错误地认为自己一无是处，进而导致学生自我封闭。因此，关注特殊儿童的心理健康，首先要关注他们的存在，引导他们正确认识自我。

1. 重视师生之间的目光交流

特殊儿童在正常的课堂教学中常常听不懂、跟不上，很容易分散注意力，游离教学过程，这就需要教师在课堂上多观察，及时察看特殊儿童的学习表现，如果发现他们在做小动作，就要盯着他们看，而当他们意识到教师在看他们时，自然就放弃了做小动作，专心听讲。教师通过多次的目光交流，让特殊儿童知道教师时时在看着他们，自己要好好听教师讲课，这样他们的自我意识自然就确立起来了。

2. 引导特殊儿童与普通学生之间的相互合作

教师要有意识地把特殊儿童与班级中的优等生分配在一起，共同参与活动，共同参与学习，这样既能弥补学生之间的认知差异，又能增强同学之间的感情。例如，课间游戏，指定学生跟特殊儿童一起玩；课堂讨论，把特殊儿童安排到讨论小组中一起讨论问题；课后练习，让班中

的佼佼者帮助特殊儿童做练习。久而久之，在这种相互合作的过程中，班级学生自然就把视为集体中的一分子，忽略了他们的个别差异。对于特殊儿童来说，在这种长久的合作中，他们与同学多了交流、交往的机会，认识到了自我的存在，自然而然地就会参与到集体中，从而满足了他们对关怀、爱抚的渴望，促进了他们的社会化进程。

### （二）尽可能地为特殊儿童创造成功的机会，让他们体现自身的价值

特殊儿童往往跟不上正常的教学进度，因此，教师应考虑到这种个体的差异，尽量创造机会让他们适当地表现。在教学实践中，教师要根据特殊儿童的心理特点，充分发挥知识本身固有的趣味性，设计一些让他们有兴趣思考的问题，让他们多思考，如练习中有一个通过"水里的火山"的实验让特殊儿童进行说话训练的内容。在练习时，教师先进行演示，讲明过程及操作方法，让特殊儿童仔细观察，实验结束后，让他们讨论，这样也给了随班就读的特殊儿童倾听别人发言和练习说话的机会。接着，教师便让成绩好的学生先说，在这样多次反复的基础上，再让特殊儿童来说。这样特殊儿童就能把观察教师的实验过程所见讲出来，尽管讲的离要求还有一些差距，但教师和同学要给予热烈的掌声和鼓励，使他们尝到成功的喜悦。在日常的教学中，教师要注意时常将一些非常简单而教学中需要复习的内容让特殊儿童来回答，让他们从这些简单的学习活动中体会成功。再如，有个普通班有两名特殊儿童，一个人、大力大，另一个跑步快，在校运动会上，教师让力气大的参加投垒球比赛，跑得快的参加百米赛跑，结果两名同学都在运动会上得到了名次，为班级取得了荣誉。这样，全班同学就都会觉得这两名"特殊同学"为班级做了贡献，而这两名同学也能感受到自身存在的价值。

### （三）应用竞争机制，加强养成教育

学习只要有竞争，就会不断追求知识。在教学中，教师要努力构建随班就读的特殊儿童你追我赶、互相学习、互相促进的竞争机制，在课内，看谁听课认真，谁发言积极，谁的作业做得正确；在课外，比谁能做好预习和复习，完成教师布置的作业；在检测中，看谁的成绩好，谁

就得一颗"五角星"，并及时在全班表扬和鼓励。通过各种竞赛游戏，如开展讲故事比赛、根据偏旁部首写字的接力赛，在活动中培养特殊儿童对学习的浓厚兴趣。实践证明，应用竞争机制，不仅培养了特殊儿童的学习能力，兼顾了班级的整体教学，还补偿了特殊儿童的智能缺陷。

### （四）引导特殊儿童体验并掌握简单的自我心理调适方法

随班就读的特殊儿童容易产生自卑心理或在与人交往的过程中容易出现障碍，因此教师可以引导他们通过自我暗示、自我激励、心理换位等方式来改变消极的心理，重新鼓起自信心去面对生活中的不如意。当随班就读的特殊儿童遇到不顺心的事情而情绪变化较激烈时，教师可以引导他们通过放松身体、转移注意力、打球、散步、听音乐、向亲朋好友倾诉等方式来调节心理。教师要鼓励随班就读的特殊儿童参加集体活动，参加自己感兴趣的活动，并在活动中发挥自己的作用，接受同学的肯定和支持。

### （五）重视家访谈心，形成教育合力

教师要全面了解随班就读的特殊儿童，可通过对他们进行家访，了解他们在家里的表现、兴趣、爱好、思想动态以及他们的小社会关系等。教师如果了解到特殊儿童与其他同学不合群，有一种冷落感和孤独感，平时受到的批评多于表扬和鼓励，缺乏良好的习惯，畏惧困难，意志薄弱，信心不足时，就要注意给他们以加倍的关心和爱护，并利用各种场合，采用多种形式和他们交谈，甚至像朋友一样地开一些玩笑。同时，教师要把学校教育延伸至家庭，把学校教育与家庭教育结合起来，让特殊儿童知道父母、教师、同学时刻都在关心他们，这样教育就形成了合力。

## 四、心理健康教育中的注意问题

对随班就读的特殊儿童进行心理健康教育，必须从其刚进入学校学习时就开始；教育要考虑到不同年龄和年级学生的特点；需要专职教师、任课教师及学生家长的密切配合；要建立每位特殊儿童的心理健康档案。

# 第六章　随班就读的教师队伍建设

## 第一节　教师选拔

### 一、随班就读班级教师的条件

特殊儿童就读的普通班级的教师所教的大多数学生是健全学生，特殊儿童仅是个别的，因此任课教师本质上是普通教育教师。随班就读这种办学形式涉及的学校多、班级多、教师多，因此用特殊教育教师的条件去要求或评估特殊儿童就读班级的教师显然是不现实的，也是不合理的。但是，对随班就读的特殊儿童进行的教育又确实是特殊教育，因此需要教师运用特殊的手段和方法对其进行教学。然而，仅仅掌握正常儿童的身心发展规律和普通教育的规律是不够的，那么，随班就读班级教师应具备哪些条件呢？

第一，特殊儿童就读班级的教师首先应具备人民教师的一切条件。

第二，特殊儿童就读班级的教师应具备高度的社会责任感、强烈的同情心、更深厚的师爱。

第三，特殊儿童就读班级的教师应了解特殊儿童教育在实施义务教育中的地位和作用；了解国家关于特殊教育的方针、政策；了解全国和当地特殊儿童教育的办学形式；明确自己的工作在整个特殊儿童教育中的地位和作用。

第四，特殊儿童就读班级的教师应掌握足够的教育特殊儿童的知识和技能，具体表现在以下方面。

（1）明确教育目标。

（2）掌握一定的特殊儿童的身心特点和学习特点。

（3）正确理解、灵活掌握和处理教材。

（4）具有初步鉴别特殊儿童的能力。

（5）掌握一些感知机能训练和缺陷行为补偿、矫正的方法。

（6）掌握个别化教育计划的制订和实施的方法。

（7）掌握在课堂教学过程中尽量照顾特殊儿童，但不能影响集体教学进度和质量的教育机制和技巧。

（8）掌握一般的学习诊断和进步评估的方法。

（9）掌握使家长主动、科学地配合学校教育的方式和方法。

（10）具有一定的教学研究能力。

## 二、特殊儿童随班就读任课教师的常规要求

热爱特殊教育工作，对特殊儿童具有爱心和耐心，关心、指导特殊儿童的学习；学习特殊教育理论，了解特殊儿童的身心特点及发展规律，掌握随班就读教学的基本原则和基本方法；了解特殊儿童在该学科原有的水平和学习能力，制订特殊儿童学科教学的个别化教育计划；分析特殊儿童在该学科学习方面的优势和弱势；找出特殊儿童在学习该学科时的特别需要；提出该学科教学的主要措施，及时提出教材的处理建议；制订该学科的学期目标；做好每学期的教学效果评估；在备课、上课、辅导、作业布置及批改和考查、考试中，要对随班就读特殊儿童提出明确的要求，并注意特殊儿童与健全学生之间的差异；做好特殊儿童课前、课后的有效辅导工作，在课堂教学中要以集体教学为主、个别教学为辅，针对特殊儿童的实际需要，在氛围、目标、内容、方法、手段、作业与评价等方面有明确的具体体现；充分肯定、激励和帮助特殊儿童，并及时地提供展示他们学习成功的机会；为特殊儿童建立学科学习的帮教小组，并提供恰当的辅导用具；科学地对特殊儿童进行纵向、分项目的定性与定量的评价，为制订下一个学期的学科个别化教育计划提供依据；及时地与班主任、特殊儿童家长做好沟通和配合工作。

### 三、随班就读班级师资的选拔

进入新时代以来，特殊儿童少年对公平而有质量的教育需求更加凸显。让特殊儿童与普通学生一起接受公平而有质量的教育成为推进随班就读工作的重要使命。为此，全面加强教师队伍选拔与建设，提升义务教育阶段教师的特殊教育专业素质是决定随班就读推进速度与质量的关键因素。

2014年9月，习近平总书记在同北京师范大学师生代表座谈时指出，"一个人遇到好老师是人生的幸运，一个学校拥有好老师是学校的光荣，一个民族源源不断涌现出一批又一批好老师则是民族的希望。"他提出好老师的标准是"要有理想信念、有道德情操、有扎实学识、有仁爱之心"。不能因为有的学生不讨自己喜欢、不对自己胃口就冷淡、排斥，更不能把学生分为三六九等。对所谓的"差生"甚至问题学生，老师更应该多一些理解和帮助。好老师一定要平等对待每一个学生，尊重学生的个性，理解学生的情感，包容学生的缺点和不足，善于发现每一个学生的长处和闪光点，让所有学生都成长为有用之才。因此，特殊儿童随班就读班级教师应具备以下选拔条件。

第一，思想好，纪律性强，关心特殊儿童，有奉献精神。

第二，单式教学、复式教学都能胜任，教学水平较高。

第三，身体健康，年富力强；根据特殊教育的特点和相关的经验，中年女教师比较适合担任特殊儿童随班就读的班级教师。

# 第二节　教师培训

### 一、任务和要求

为了做好随班就读师资培养培训工作，我们首先要研究两个问题。一是一体化教育教学的规律。针对我国实际，随班就读教育教学应该怎样进行？二是随班就读教师究竟要承担哪些任务？在此基础上还应进行前瞻性预测：面向21世纪，随着我国特殊教育的发展，对随班就读教师又有哪些新的要求？

  针对第一个问题，笔者曾和一些同人对个别化教育的理论进行了较为深入的研究，主要是研究各种个别化教育模式的利弊及其理论基础，探讨适合我国国情的教育模式，在此基础上提出理论假设，并与其他教师合作进行实验研究。现在第二轮实验正在进行。通过对一体化教育教学规律的探讨，进一步厘清对随班就读教师的知识、技能、能力、情感、态度等方面的要求。

  为了明确我国随班就读教师的任务，笔者通过参加基层指导的机会，深入接触特殊儿童所在的学校，利用座谈、听课、观察等形式进行调查和分析。除此以外，笔者还使用"任务分析法"对随班就读教师的工作任务进行了调查，具体做法：选择随班就读工作做得比较好的教师作为典范，跟踪观察他（她）的活动，在校内有哪些活动，在校外有哪些活动，课上、课外各有哪些活动，每天从早到晚有哪些活动，一周有哪些活动，每学期有哪些活动，等等，着重观察了解有别于普通教师的活动，并对这些活动进行归类、分析，从而明确随班就读教师的任务；然后再进一步分析要完成这些任务，作为随班就读的教师需要哪些知识、技能、能力、态度等。

  根据我们对一些教师活动的观察、分析、归类，我国随班就读教师的主要任务（有别于普通教师）有四个方面：①对随班就读特殊儿童教育教学的任务；②一体化教育教学的任务；③社会工作者的任务；④继续学习的任务。随班就读儿童虽然在普通班就读，但教师也应给他们以特殊教育。当然，随班就读班的教师也应当经常得到特殊教育专家或特殊教育教师的指导帮助。教师不仅要让随班就读的特殊儿童学习力所能及的知识、技能，还要帮助矫正其缺陷，挖掘其潜力，促进其社会适应能力的提高，这是随班就读教师义不容辞的任务。随班就读教师在面向全班学生教育的同时，要教育随班就读的特殊儿童，因此教师需要把握一体化教育教学的规律，促进学生的融合，完成一体化教育教学的任务。现在特殊教育的发展已由临床模式向社会和生态学模式转变，因此，教师不再是孤立地看待随班就读儿童，而是要把他们看作环境的一部分。教师需要和社会上的各种专业人员合作，也需要得到家长及有关人员的支持，因此教师的社会工作任务比过去加重了，而随班就读班教师的社会工作任务也要比普通班教师的任务更为繁重。随着特殊教育的发展，特殊教育对象的范围也在不断扩大。现在，我国随班就读的对象主要是

轻度智力落后儿童、听力残疾儿童、视力残疾儿童，以及一些肢残儿童、学习困难儿童，等等。现代教育技术的发展，往往可以补偿和代偿特殊教育对象的生理或心理缺陷，可以大大提高特殊教育的效率，这也要求教师不断学习现代教育技术，接受继续教育的任务。

## 二、内容和形式

在师资培养培训中最重要的是课程内容的确定，这就需要研究随班就读教师为了完成上述任务，究竟需要掌握哪些知识和技能，需要什么样的能力和态度。在任务分析的基础上，笔者认为，随班就读教师需要具备以下知识、技能、能力和态度（态度中包括认识成分、表述情感成分和行为倾向成分）。

第一，为了完成对特殊儿童教育教学的任务，教师应具备的知识、技能、能力和态度。

（1）教师会正确使用一系列评估工具（或在有关专家指导下，正确应用测评的结论），客观评价特殊儿童的发育、缺陷情况和成绩。

（2）善于对特殊儿童的行为进行观察，并准确记录。

（3）能和特殊儿童平等地进行有效交流。

（4）会在观察和评估的基础上，了解特殊儿童的特殊需要，为随班就读的特殊儿童制订个别化教育计划。

（5）为特殊儿童编制有关学习材料，实施和评估教学计划。

（6）熟练掌握目标制订、目标实现、任务分析等技术。

（7）熟练运用提示、塑造、强化等技术，能对特殊儿童缺陷进行矫正和补偿。

（8）能提高特殊儿童适应社会生活的能力。

（9）对特殊儿童有爱心和责任心。

（10）了解残疾基本知识及特殊儿童的身心特点，尊重他们，理解他们。

（11）了解特殊儿童学习和行为特点，能满足他们的特殊需要。

第二，为了完成一体化的教育教学任务，教师应具备的知识、技能、能力和态度。

（1）了解一体化教育安置的形式及安置原则。

（2）具备改变、调整普通教育课程和内容，使普通教育课程特殊化的能力。

（3）课堂教学中具备照顾正常生和随读生的能力。

（4）能创设团结互助的环境，使正常生具有更好地帮助随读生的能力。

（5）能面向全体学生，平等地对待每一位学生。

（6）能创设民主和谐的积极向上的集体气氛。

第三，为了完成社会工作者的任务，教师应具备的知识、技能、能力和态度。

（1）了解特殊教育在普及九年义务教育中的地位和作用，有社会责任感。

（2）了解我国有关残疾人的方针、政策，维护特殊儿童的权益。

（3）会做家长工作，如倾听家长诉说，与家长分担苦乐，平等地对待家长，把家长看作懂得其子女的行家，用通俗易懂的语言向家长解释教学方法。

（4）鼓励家长参与对随班就读特殊儿童的观察评定、教学计划的制订和效果评估工作，并根据需要修订教学计划。

（5）争取让家长充分参与特殊儿童每个发展阶段的工作，特别是特殊儿童即将离开学校走向社会时的准备工作。

（6）懂得何时需要和如何获得其他专业人员或专业机构的帮助支持。

（7）具备用清晰的语言向其他人员交代特殊儿童问题实质的能力。

（8）尊重其他专业人员的劳动，善于和专业人员合作。

（9）善于争取校长和其他教师的支持。

第四，为了完成继续学习的任务，教师应具备的知识、技能、能力和态度。

（1）具有终身教育的观点。

（2）善于获取教学和研究方面有关新进展的信息。

（3）能批判地阅读和评价教学及研究方面的文献资料，能区别观点与事实。

（4）善于将学习和研究结果应用于随班就读的特殊儿童及其家庭需要。

（5）以研究的态度对待特殊儿童，具有设计和实行小范围研究的能力。

（6）不断了解和掌握现代教育技术在特殊教育中的应用。

（7）会写总结研究文章。

以上四方面的任务不是全然分割的，而是相互交织在一起，互相影响、互相促进的。完成这些任务所需要的知识、技能、能力、态度，也是既有个性也有共性的，统一于被培养培训对象之中。

从培养培训的形式来说，要将知识教学、技能训练、态度情感效能训练和随班就读教学实践有机结合起来。师资培养培训的目的是培养合格的随班就读教师。合格的随班就读教师不仅要具备相关的知识技术，更需要具备从事随班就读工作的态度和能力。这些仅靠知识教学是难以奏效的，而是需要通过技能训练、效能训练和参加教育教学的实践活动来实现的。同时，训练与实践又离不开必要的理论知识指导，否则就是盲目的、经验主义的。我们应当在师资培养培训中，广泛采用微格教学、教学模拟、模拟教学与介入教学、雏形研究等方法训练教师教学技能，并通过调查了解特殊儿童、和特殊儿童交朋友、和他们共同参与活动等形式，培养教师积极的特殊教育的态度、情感。

随班就读中的许多问题还在被研究和探索中。我们主张教学的实践应是带有研究性质的实践，如果师带徒，应挑选素质好、有进取心、有研究精神的教师，徒弟也要有主动改革精神。只有师徒相互促进，共同研究随班就读教学，才能奏效。

## 三、师资培训

特殊儿童随班就读班级的教师选自普通学校的普通班级。这些教师绝大多数不具备教育特殊儿童的专业知识和技能，因此必须要对这些教师进行专业培训。

# 第三节　教师管理

## 一、特殊儿童随班就读班级教师的管理

### （一）尊重教师

在班内就读的特殊儿童尽管不多，但教师也需要在教育多数正常儿童的同时对特殊儿童实施特殊教育，因此教师付出的劳动是巨大的。因此，管理教师首先要尊重这些教师，理解他们，倾听他们的意见，解决他们提出的问题。

### （二）建立必要的规章制度

特殊儿童随班就读班级的教师是经过选拔的，思想水平、业务水平较高的教师；但对这些教师的管理也应该有一套必要的规章制度。教师管理的规章制度是规范教师行为的标准，导向性、规范性、科学性是它的主要特征。建立规章制度可以避免教师对随班就读的特殊儿童不闻不问或过分照顾他们，影响正常的教育进度和质量，督促教师按特殊教育规律施教。"必要"的规章制度是指规章制度不要太多太滥，以免使教师无法遵循或疲于奔命。必要的制度可包括教学工作制度以及教师工作成绩和学生进步情况评估制度、教研工作制度、与家长联系制度，等等。各项制度的各项标准以简明、可操作为宜。例如，教师工作成绩的评估应从两方面着手：一是普通教育工作成绩，二是特殊教育工作成绩，二者相加才是这位教师的成绩（评估的指标和方法可视当地实际而定）。这样从两方面评估教师工作的优劣可形成一种导向作用，使普通教育、特殊教育双丰收。

### （三）特殊儿童随班就读班级教师的待遇

由于随班就读涉及教师多，教师津贴不足。从目前情况来看，广大教师也未因此而丝毫放松自己的努力。当然，这是教师觉悟高的表现，而管理者应当承认这些教师比单纯教正常儿童的教师付出了更多的心血和代价，因而应从精神上、物质上体现这种承认和尊重。

一方面，精神上要给予鼓励。例如，经常宣传他们为教育好特殊儿童而勤奋工作的事迹；在评选先进等问题上给这样的教师以更多的机会；等等。

另一方面，在生活上关心这些教师，在物质上有所体现。例如，山东省的一些县、区给特殊儿童随班就读班级班主任教师加发一定数量的津贴，这就反映了当地政府和教育主管部门对这些教师的物质鼓励。对有特殊儿童随班就读的普通班教师尤其是班主任教师，应将其对特殊儿童的个别辅导记入工作量，而具体的补贴办法可由各地根据自己的条件自行指定。另外，在评定职称等问题上，对表现突出的教师也应予以优先考虑。

## 二、特殊儿童随班就读班级教师的评价

新课程改革呼唤学校管理的改革，呼唤发展性的教师评价。对特殊儿童随班就读班级教师的发展性评价，必须充分体现教师在评价中的主体地位和自我反思；评价必须具有科学性和人文性，全面考评教师的教育教学工作，注重教师个体的发展，充分发挥教师的创造性和积极性，达到教学相长的目标；必须确立以教师自评为主，评价标准、内容和主体多元化的评价体系，而评价的最终目标是促进教师的专业发展、可持续发展；需要教育主管部门、学校、教师等多方面有力配合，要以促使特殊儿童的全面、健康发展和教师专业发展为目标，以最大限度地实现素质教育的目标。

### （一）评价的内容与标准

1.对教师素质的评价

（1）职业道德：热爱教育事业，热爱特殊儿童，正直，诚实，上进心强，有奉献精神、职业热情和健康的心态，对待特殊儿童有爱心，能公平、公正地对待不同类型的特殊儿童。

（2）学科知识：不仅要掌握所教学科的基本知识，还要掌握教育特殊儿童的基本理论和对他们进行特殊教育训练的方法、策略。

（3）文化素养：有较强的学习能力和终身学习的意识，具备基本的生活常识和百科常识，有较高的文化礼仪水平和交际能力。

（4）教学能力：能兼顾普通学生和特殊儿童的需要，能运用有效的教学方法，达到较好的教学效果，能科学、公正地评价每一位特殊儿童，拥有出色的管理随班就读班级的能力。

（5）参与合作的能力：能配合领导工作，与同事合作开展各项工作，与学生、家长、同事建立良好的关系。

（6）元认知能力：开展工作时有计划性，工作中能随时监控与调节，工作结束后能及时反思与总结。

2. 对教师教学的评价

教学评价内容除了包括上面的教学能力外，还包括符合素质教育的创新能力、科研能力及教学工作中一些具体项目，如教学准备（包括教室布置、教学资源的利用）、教学规划（安排教学计划、为随班就读的特殊儿童制订个别化教育计划、编写教案、设计教学活动等）、教学方式（运用教学辅助手段，使用各种有效的教学方式）、教学任务与特殊儿童需要的适应性（根据特殊儿童的年龄、水平和情感等因素设计合适的教学任务，组织合作性、自主性学习活动），以及对特殊儿童学业、学风和纪律的评定与进步的监控，等等。

## （二）教师自评

发展性教师评价倡导教师以自评为主，同时强调教师对自己的教学行为进行分析与反思。自评是促进教师反思能力发展的最佳途径，它改变了教师原来被评价时处于消极被动的地位，使教师成为评价的主体，极大地激发了教师的主体意识，使他们以一种主人翁的态度主动、自觉地评价自己的教学行为、研究特殊儿童的学习方式、促进教育教学观念和技巧的内化。反思能力是教师专业发展的核心因素，它是促使教师主动参与教育教学、促进教师专业化发展的重要手段，有助于调动其内在动机，使其自觉内省与反思，认真总结前期行为，思考下一步计划。随着自评日常化和制度化，它将促进教师个体养成良好的反思与总结习惯。

# 第七章 随班就读支持保障体系的建设

## 第一节 体系的建立与功能

### 一、随班就读支持保障体系的概念

特殊儿童随班就读工作支持保障体系，是指在保障特殊儿童在普通学校接受教育以及接受符合其身心发展特点和需要的教育方面，政府、社会、教育系统内部各个方面提供的已经常规化、系统化、责任化了的各种支持和帮助的总和，包括行政政策支持、人财物力支持、智力服务支持等。

根据中华人民共和国教育部的部署，特殊儿童随班就读工作的支持保障体系建设，是在政府主导下，由教育行政部门牵头，有关部门参与，主要由教育内部各有关方面负责的，以规划政策制定、任务职责分工、标准制度建设、动员组织实施、实施效果监测等工作为主要内容的工作过程。

随班就读支持保障体系建设虽然以县级行政区为基本范围，但其他各级均应承担相应责任。例如，保证每一位新入职中小学教师具备一定特殊教育的知识和技能，需要国家从法律层面予以规范，即从法律层面对高等师范院校或师范专业的课程设置、课程标准进行研究和安排。

随班就读支持保障体系建设，与形成特殊教育发展格局既有联系又有区别。"以大量的特教班和随班就读为主体，以特殊教育学校为骨干"，是我国当前和今后一个时期发展特殊教育事业的基本思路。这个基本思路中的"以特殊教育学校为骨干"，实际上包含了特殊教育学校在随班就读工作中的智力支持和提供特殊教育训练服务的要求。但是，"发展格局"主要是指发展的方式和发展的思路。而随班就读支持保障体系的建设，是以保障随班就读工作的开展和质量为核心的工作，其工作的出发点与整体特殊教育事业发展思路密切相关，但核心还是随班就读本身。

## 二、随班就读支持保障体系的建立

### （一）建立外部支持机制

1. 坚持落实特殊儿童随班就读工作的政府责任

开展特殊儿童的随班就读工作在很大程度上是政府的行为，只有各级政府和教育行政部门以及社会其他有关部门重视这项工作，加大工作力度，才能切实保证其顺利开展。落实政府的责任，一是要建立健全组织管理机构。省、地（市）、县要成立随班就读工作领导小组，成员应有政府、教育、残疾人联合会、民政等部门。教育行政部门要根据实际情况，制定随班就读各项政策，对本地的随班就读工作做出明确的部署并提出具体的要求，形成清晰的工作思路，确定工作目标，构建起多方位的支持系统；同时，要对随班就读过程进行督查、指导，及时解决随班就读中的各种问题。二是要体现在增加随班就读工作的经费投入上。随班就读工作是否搞得好，必须要保证经费投入充足和落实承担随班就读工作教师的相关待遇。

2. 坚持随班就读工作的社会参与、社会动员和社会合作

开展随班就读工作涉及政府的各个部门、社会的各个方面。此项工作的开展不仅需要各级政府、各有关部门全力的支持与密切的配合，还需要社会各界的大力支持，特别是各级教育、残疾人联合会和民政等有关部门要达成共识，密切合作。其中，各级残疾人联合会在推进随班就读工作的领域里，发挥着重要的作用。

在进行社会动员的过程中，各级教育、残疾人联合会和民政部门要通过各种媒体和宣传渠道，进行广泛的宣传，同时要将普法教育与宣传《中

华人民共和国义务教育法》和《中华人民共和国残疾人保障法》结合起来，使人们认识到特殊儿童应与普通儿童一样拥有同等受教育权利和学习条件，国家、社会、学校和家庭都有责任为特殊儿童提供学习机会，通过宣传教育，加深大家对随班就读工作意义和作用的认识，使各个普通中小学校的干部和教师认识到接受符合条件的特殊儿童进校随班就读是每所学校应尽的义务和责任，不得以任何理由加以拒绝，使家长认识到送孩子随班就读是家长应尽的义务。

在加强社会各有关部门的配合与支持时，各级残疾人联合会、医疗部门、民政部门等都应在随班就读工作的各个环节，如对特殊儿童的检测、筛查、鉴定，对学前特殊儿童数字的摸底，动员各类特殊儿童按时入学，根据特殊儿童家庭经济状况发放补助等方面发挥积极作用。

**（二）建立随班就读管理机制**

要构建县（区）教育局—乡镇中心学校—随班就读学校相连接的管理网络，教育行政部门要指定领导分管随班就读工作，有关科室要有专职或兼职人员负责管理随班就读工作；乡镇中心学校要确定一名副校长具体管理全乡镇随班就读工作；开展随班就读工作的学校要确定一名副校长或教导主任直接负责本校随班就读工作。

**（三）建立随班就读教学、教研指导机制**

（1）县（区）教研室要指定专人负责随班就读工作，要配备专职或兼职的特殊教育教研员，构建由教研室牵头，特殊教育学校校长或教导主任、县随班就读中心教研组成员、乡（镇）中心学校校长或副校长、各中小学校长或教导主任参加的覆盖县、乡（镇）、校的教研、指导、咨询、培训网络，保证随班就读的教研和指导工作层层有人抓、层层能落实。县（区）教研室要发挥龙头作用，对本地区随班就读工作进行调查研究、指导培训、咨询辅导。

（2）充分发挥当地特殊教育学校的作用。特殊教育学校要积极配合教研室承担起对全县（区）各随班就读点的巡回指导、检查、培训、咨询等任务，成立随班就读工作的"四个中心"，即教学研究和指导中心、教学资源中心、师资培训中心、康复服务中心。特殊教育学校要成立随

班就读业务指导小组，制订全县随班就读师资培训计划，举办培训活动，开展教学指导。对未受过特殊教育业务培训的教师，上岗前要集中进行培训。各乡镇中心学校要负责指导本辖区内各有关学校的随班就读工作，搞好相关的教师培训。

（3）要加强随班就读的课题研究，不断拓展研究的范围和深度，逐步研究出特殊儿童随班就读的模式；要在随班就读的课程设置、教材选用、教学方法、教学评价等方面进行深入研究；要广泛发动特殊教育工作者包括随班就读教师参加特殊教育科研，以科研为先导，提高随班就读的教育教学质量。

（4）随班就读学校要为随班就读的特殊儿童提供支持。学校为随班就读的特殊儿童提供的支持，主要包括行政制度方面的支持、经费的支持、教师为随班就读的特殊儿童提供的支持，以及同伴为随班就读特殊儿童提供的支持。行政制度方面的支持包括以下三点。①学校成立随班就读工作领导小组，由一名校长或教导主任直接负责，建立起系统的管理网络。②选择好随班就读教师，确定随班就读教师职责，有效地提高随班就读教师参与工作的自觉性。学校制订一系列的奖励制度，鼓励教师从事随班就读工作。③建立资源教室。资源教室除配备相应教具、学具和图书资料，添置康复设施外，还要配备专职或兼职资源教师，负责管理资源教室，协调各学科任课教师制订随班就读的特殊儿童的个别化教育计划，对任课教师的随班就读工作进行考核，对教师学习特殊教育的理论与教育教学方法提供支持。教师为随班就读的特殊儿童提供的支持包括：①专门为每个随班就读的特殊儿童建立个别化教育计划，满足其特殊需要，初步形成适合特殊儿童实际的分组教学、协同教学、综合主体教学、个别教学、伙伴教学和资源教室教学等课堂教学模式；②完善随班就读的特殊儿童的档案。

## 三、随班就读支持保障体系的主要功能

### （一）组织领导

建立随班就读工作领导小组是建立健全随班就读组织管理体系的首要工作，是落实随班就读政府行为的重要组织保障。领导小组要把随班

就读工作列入议事日程，主要解决观念、政策、制度、规划等重大的方向性问题，使随班就读工作顺畅、有效地展开。随班就读工作领导小组由区县政府牵头，成员应有教育、国家发展和改革委员会、残疾人联合会、民政、财政、卫生、公安、社会团体等部门，要有专职或兼职的领导负责管理，建立目标责任制。区县教育部门要在领导小组中发挥主体作用，要将随班就读工作纳入区县普及九年义务教育的发展规划，建立和完善本地区随班就读支持保障体系，将特殊儿童随班就读入学指标列入区县义务教育督导、义务教育均衡发展评估验收指标体系；要根据实际情况，专门下发文件，对本地的随班就读工作做出明确的部署和提出具体的要求，并积极主动地接受区县政府对随班就读工作的领导，还要加强与政府其他部门的协调，形成推动特殊教育工作的有效合力。

### （二）制定配套政策

区县政府和相关职能部门要遵循国家教育规划，依据教育法律、法规和残疾人工作的法律、法规，制定地区特殊教育的发展规划和与之配套的政策法规、制度措施，等等，做到相互配套，没有缺位。例如，制定经费投入、教师编制配备、师资培训、奖励表彰、资源教室配备、校园周边环境治理等规定；实行政府职能部门的特殊教育联席会议制度、特殊教育检查视导制度、特殊教育问责制度；出台保障残疾孩子入学、孤残儿童抚育、残疾幼儿筛查与治疗、招生与安置等各项工作方案。各级政府要积极打造法治政府形象，树立以法治教的理念，增强法治意识，重视组织行政人员学习教育法律、法规，将随班就读作为政府依法行政的一个重要方面，使随班就读有法可依、有章可循。

### （三）抓好各级队伍建设

随班就读队伍建设是关键。队伍建设包括管理队伍、研究队伍、教育教学队伍。管理队伍的组成上至政府，下至特殊教育视导员，覆盖整个区县的随班就读行政管理网络，承担随班就读的组织、领导、协调工作。教育行政部门承担组织领导责任，建立由教育局主管局长和督导室、中教科、小教科及有关科室主管人员组成的特殊教育工作领导小组，制订本区县特殊教育的发展规划，部署工作，落实任务，监督检查，解决

问题，提供服务和帮助。研究队伍由教学研究室、科研部门、教育及心理学工作者，以及区县特殊教育中心和特殊教育学校专业人员、巡回指导教师、骨干教师等组成，他们要经常进入教室听课、评课，组织对教师开展特殊教育理论与技能的培训，推广随班就读经验，等等；还有由专家、专业测查、医务工作者等组成的咨询小组，负责安排对特殊儿童的检测和评估，提出安置意见，接受咨询，等等。教育教学队伍由学校教师和管理人员组成。普通学校要在全体教师中普及特殊教育知识，选择有爱心和有能力的干部和教师承担随班就读教育教学工作，制订队伍的培养和培训计划，将随班就读知识和技能的培训纳入在职教师继续教育，使教师取得岗前培训和岗上培训的合格认证，形成一支素质高、永续不断的随班就读教师队伍。

### （四）投入经费和物质保障

特殊教育经费全面纳入国家和地方财政保障范围，纳入当地经济发展规划。加大特殊教育投入的力度，完善特殊教育经费保证机制，各级财政部门要根据特殊教育发展需求逐步提高投入规模。资金和物质的投入包括两方面内容：一是经常性、制度化的投入，区县结合实际情况制订标准，在经费预算层面上解决问题；二是项目性投入，如义务教育项目、免费教科书项目、贫困学生助学金项目，等等。在实验区县中，直接用于随班就读教育经费的增长呈现三个特点：一是资金投入与政府财政投入上涨幅度同步增长，与政府公共事业经费投入的比例同步增长，与普通教育日常公用经费的提高同步增长；二是经费投入渠道多元化；三是财政拨款上升为经费投入的主渠道。在随班就读的特殊儿童相对较多的学校建立资源教室，是建立随班就读工作支持保障体系的一项基本的、重要的项目投入。

### （五）强化网络系统运行

网络系统建设和运行是整个随班就读支持保障体系的核心。区县要把加强随班就读教育教学工作的管理，放在强化和推动支持保障体系中的两个网络运行方面。区县教育行政部门应抓好管理网络工作；区县教研室（或特殊教育中心、特殊教育学校）应抓好研究和指导网络工作，从而保证随班就读工作管理和教学上都能层层抓、层层落实。

### （六）发挥特殊教育学校（中心）骨干指导作用

自我国开展随班就读工作以来，就形成了以普通学校附设特殊教育班和在普通班级随班就读为主体，以特殊教育学校为骨干的特殊儿童教育格局。发挥特殊教育学校（中心）在推进随班就读工作中的骨干指导作用，是特殊教育学校重要的办学职能和应尽的工作职责，因而要充分宣传特殊教育学校与普通学校在国家发展特殊教育格局中的地位，组织和调动特殊教育学校（中心）的专业力量、专业资源以及教育教学经验和教育科研成果，积极支持和帮助普通学校解决随班就读工作中遇到的问题。特殊教育学校（中心）要充分认识到此项工作的艰巨性、挑战性，在师资培训、教学示范、巡回指导、咨询辅助等方面发挥作用。特殊教育学校（中心）教师要不断提高自身专业能力，主动了解普通学校情况，了解普通中小学深化教育改革的理念和实践。特殊教育学校和普通学校要形成合作团队，共同推动"普特融合"的进程。

# 第二节　体系建设的要素

## 一、随班就读工作保障体系建设的要素

（1）加强对随班就读工作支持保障体系的领导。各区县要建立、健全组织机构，成立由区县教育部门牵头，残疾人联合会、民政等部门参加的随班就读工作领导小组，切实加强对开展建立随班就读工作支持保障体系工作的领导。

（2）各区县教育部门要结合实际，制订具体实施方案，对本区县的随班就读工作支持保障体系工作做出明确部署，并将此项工作纳入本区县特殊教育工作的总体规划，制订切合实际的措施和办法，强化落实。

（3）设立专职或兼职人员负责管理随班就读工作。各区县教育部门要建立主要领导负责、中小教科专人主管随班就读工作机制，各区县教研室（或特殊教育学校、特殊教育中心）要配备专职或兼职的特殊教育教研员。

（4）建立、健全随班就读工作支持保障体系工作的网络系统。各区县要建立、健全以下两个网络。

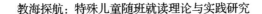

①城区：区教育局—随班就读学校连接的管理网络；区教研室（或特殊教育学校、特殊教育中心）教研员—随班就读学校教师构成的教研和指导网络。

②郊区：区县教育局—乡镇中心—随班就读学校连接的管理网络；区县教研室（或特殊教育学校、特殊教育中心）教研员—乡镇中心骨干教师—随班就读学校教师构成的教研和指导网络。

（5）加大对随班就读工作专项资金的投入力度。

（6）加强对随班就读干部和教师的业务培训。

（7）争取其他相关部门的配合与支持。

（8）建立、健全资源教室，配备好具备一定专业知识的教师担任专职或兼职资源教师。

（9）加强随班就读课题的研究。

（10）建立、健全随班就读相关规章制度，建立督导检查、奖励评选机制。

总之，随班就读工作支持保障体系是以政府为主导，以教育行政部门为主体，各职能部门紧密配合，全社会共同参与的随班就读行政管理模式。保障体系的核心功能是行政推动。"行政推动"即指各级政府围绕提高随班就读质量这一总体目标，动员、组织和凝聚与实现目标有关的行政力量，结合形成具有工作合力和行政影响力的行政主体，形成高效、灵活的行政支持保障系统，运用咨询、决策、执行、监督、评估等多种行政管理手段和激励性手段，从政策、制度、资金、人员、环境等方面对随班就读工作高质量运作所需的各种要素施加行政影响，推动随班就读质量的提高。随班就读工作支持保障体系基本特征是"强制性""统合性""制度"；运行要素为"组织领导""队伍建设""投入保障""实施策略"四个方面，且这四个方面互为作用，从而实现系统的有效运转。

## 二、随班就读支持保障体系建设的支持保障

### （一）行政政策支持

行政政策支持，是随班就读工作支持保障体系的关键和基础，其包括整体规划、行政支持和制约、制度建设三大方面。

1. 整体规划

整体规划，实际上是体系设计，包括把握当地特殊儿童基本情况、教育情况，设定教育的目标，对各种教育资源需求进行估算；设计实施教育的策略——安置方案，包括各种办学形式、各种办学形式的规模、各种办学形式的实施计划，还包括各级管理机构（人员、职能、运作方式），等等。从管理的角度来看，随班就读支持保障体系建设，是特殊教育管理的一个重要环节，从更高一个层次来看，它是义务教育管理的一个重要环节。整体谋划、布局、施工是其重要特征。

2. 行政支持和制约

行政支持是保障体系自动运转的动力。行政支持，解答的是行政要求做什么、提倡和鼓励做什么、禁止做什么的问题。行政支持的最高境界是法律、法规的约束和保障，如《山东省义务教育条例》对随班就读工作就有多款明确规定。例如，第十六条第三款："对在特殊教育学校和普通学校就读的残疾学生实行免费教育。"第二十条第三款："普通学校应当接收具有接受普通教育能力的残疾适龄儿童、少年随班就读，并为其学习、生活、康复提供帮助。"第四十一条第三款："在特殊教育学校和普通学校从事特殊教育工作的教师，享受国家规定的特殊岗位补助津贴。"第四十三条第二款："县级以上人民政府应当将教师培训经费列入财政预算，保障教师教育工作的需要，并对农村地区和特殊教育学校的教师培养、培训给予政策和经费倾斜。"第六十一条第二、三款："特殊教育学校（班）学生人均公用经费标准，应当高于普通学校学生人均公用经费标准，并根据经济社会发展状况逐步提高，保障特殊教育学校（班）正常运转。""在普通学校随班就读的残疾儿童、少年学生人均公用经费标准，应当与特殊教育学校（班）学生人均公用经费标准保持一致。"

上述规定，明确了政府和学校的义务，对随班就读工作在经费、教师培训和教师待遇等方面做出了法律层面的倾斜要求，对拒不承担义务的行为做出了相应处罚规定。但法律、法规层面的规定毕竟是较为原则和笼统的，为此，教育行政部门就必须围绕建立支持体系并使之有效运转采取必要的行政支持或约束措施。

3. 制度建设

如果说，行政政策支持主要是指大的方针政策和法律、法规，那么，制度建设则是根据具体工作如任务目标、工作责任、工作流程、质量标准、考核评价等进行的一系列的规范化的工作，它是支持保障体系运转的标准要求。例如，《山东省开展建立残疾儿童随班就读县级支持保障体系工作实施方案》中对支持保障体系建设的"内容和措施"的要求共19条，多数是关于建立工作制度、执行工作标准的要求，它涉及特殊儿童摸底统计、筛查鉴定、入学动员、教育安置、学籍管理、教学管理、资源教师配备、资源教室建设、个别化教育计划制订、个别化教育档案、教学研究、巡回指导、特殊教育学校责任等。

制度建设的原则要求。一是规范性原则。一方面，内容要规范，工作制度要符合国家关于随班就读工作的法律、法规，随班就读工作自身的规律和上级教育行政部门的规范性文件要求；另一方面，行文要规范，逻辑性要强，表述要明确，不能含混不清，模棱两可。二是全面性原则。工作制度要涉及随班就读工作的各个方面和各个环节。三是导向性原则。其一，工作制度要有利于引导与随班就读工作有关的单位和个人关心、支持特殊儿童教育，引导他们按照各自的岗位从事教学、管理、康复、服务工作。工作制度的导向作用特别体现在评价和奖惩制度中。其二，在有随班就读特殊儿童的中小学，应当把随班就读工作质量与干部教师的评优选先和绩效工资紧密联系起来。四是一致性原则。其一，各种规章制度必须相互协调、相互补充，构成完整的制度体系，不能相互冲突，避免出现在 A 制度中正确、在 B 制度中错误的现象，避免政策"打架"。其二，责、权、利清楚，避免在工作上、在遇到特殊情况或出现问题时相互推诿，而在总结成绩时人人有份。五是简明性原则。要把各项工作的具体责任者、具体责任、工作标准用简明扼要的语句表述出来，简单、明确，便于理解，易于操作。六是适度性原则。其一，要求应适度。各项工作制度的具体要求以国家和上级教育行政部门的规定为依据，可以细一些，但一般不超过国家和各级教育部门的规定标准。其二，不能要求某级某单位某岗位做他不能做到的事情，如对智力障碍儿童的筛查鉴定，涉及筛查鉴定人员的资格认定，涉及使用的鉴定工具，涉及操作规范，涉及人员培训和管理及鉴定工具的购置与管理，这就不是县、乡两级特别是学校能够全部做得到的。

## （二）人财物力支持

人财物力支持，实际上是行政政策支持的核心内容。

1.人力支持

人力支持的重要内容包含四个方面：一是编制，二是教师教育，三是专业人员激励，四是大力倡导志愿者服务。

2.财力、物力支持

随班就读的重要意义在于让特殊儿童在健全的环境中生活和发展，这样还可以节约大量的办学经费。但是，随班就读仍然需要额外的经费支持。例如，建立资源教室、教师巡回指导、残障筛查鉴定、个别化教育计划、针对随班就读学生的教学研究、对承担随班就读教学工作任务的教师的培训，都需要财力的支持。而解决经费问题的最好办法是根据需要纳入财政预算。

### （三）智力服务支持

随班就读的最大特点是规模小和相对分散，而单靠学校和承担教学训练任务的教师是很难保证教育质量的，因此必须为其提供足够的智力服务支持。

# 第三节　体系建设的意义

## 一、有利于促进特殊儿童的身心发展与社会融合

特殊儿童在普通学校随班就读，他们与普通儿童、少年同学习、同生活，为其提供了良好的沟通与融合的外部环境。与特殊学校相比，普通学校的班额大，随班就读的特殊儿童在班中通常只有一至二人，同学之间的接触面要比特殊教育学校大得多。接触必会伴随沟通与交流，就一般情况而言，随班就读的特殊儿童在普通班就读初期会感到不适应，但过不了多久，他们就能与普通学生自然地融合在一起。随班就读为特殊儿童创造了良好的校园成长环境。这种自然形成的同学间、师生间的交往，是一门没有被列入课表的隐性课程，它培养着每一位学生，特别是随班就读的特殊儿童的情感，浸润着他们的心灵，使他们从小通过集体活动逐渐地学习怎样适应生活、适应社会。随班就读的特殊儿童一般不需要寄宿学校，他们与家庭邻里接触的机会通常比特殊学校的学生要

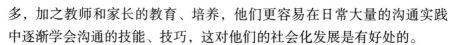

多，加之教师和家长的教育、培养，他们更容易在日常大量的沟通实践中逐渐学会沟通的技能、技巧，这对他们的社会化发展是有好处的。

总之，随班就读的特殊儿童始终置身在主流社会的大环境中成长，他们不需要像特殊教育学校的学生那样有意识地创造与主流社会接触的机会，这对他们良好社会行为习惯的养成和自信心的培养，对他们平等参与意识的形成都会起到积极的促进作用。

## 二、有利于促进普通学校教育思想观念的转变

### （一）有利于促进学校领导对普通学校教育功能的思考

在推进随班就读过程中，拒绝接纳特殊儿童在普通学校的普通班就读一直是个比较普遍的问题。其原因主要是一些学校的领导对特殊教育不够了解，他们认为像"盲、聋、弱智"这些特殊儿童怎么可能被安置在普通班级和普通孩子一起学习呢？不要说教师不会教特殊儿童，最担心的是怕影响了大多数普通孩子的学习质量。在一些初级中学，面对中考压力，这个问题比小学更为突出。在法律、行政的要求下，有些学校的领导很无奈地接纳了特殊儿童随班就读，但在教育管理和教育教学方面，对随班就读的特殊儿童的显性排斥或隐性排斥时有发生，他们认为接收随班就读的特殊儿童入学是一种负担，是累赘。但也有些学校的领导是带着强烈的责任感和研究探索的精神接纳特殊儿童随班就读的，他们主动地接触特殊教育、了解特殊教育、研究特殊教育，他们发现特殊教育的精髓就是用有效的特殊教育手段满足教育对象的特殊需要。特殊教育在提倡"不应选拔儿童适应教育，应该创造适应儿童发展需要的教育"上比普通教育更鲜明。他们逐渐认识到接纳随班就读的特殊儿童不仅是自己的责任，而且对拓展服务对象，完善普通学校的教育功能，促进干部、教师教育观念的转变，都有不可低估的作用。

### （二）有利于促进教师对教学改革的探索

做好随班就读教学工作，实施"面向全体、关注差异"的课堂教学策略，这无疑对教师提出了挑战。由于随班就读的特殊儿童在学习上存在各种不同的困难，客观上对教师的要求就更高。普通学校教师要教好

随班就读的特殊儿童，不仅需要具有高尚的师德修养，而且需要掌握普通教育和特殊教育的专业技能、具备较强的心理调节能力和较充沛的精力。从某种意义上说，是随班就读教师的特殊之"功"补救着无端造化给特殊儿童带来的不幸，崇高精神的背后是漫漫的艰辛之路。搞好随班就读课堂教学，需要教师针对班上大多数普通学生与一两名随班就读的特殊儿童的不同学习特点分层设置教学目标，在教学过程中体现分层施教、分层辅导、分层评价。这就要求教师具备驾驭大差异课堂教学的能力，制订与实施个别化教学计划的能力，指导随班就读学生康复训练的能力。具备这些特殊教育的专业能力是一个由不够熟练到比较娴熟的渐进过程，而教研和科研则是这个过程不断深化的推进器。近些年，不少区县通过设立随班就读教研组，开展经常性的教研活动，组织随班就读研究课、评优课，开展随班就读课题研究等方式，总结经验，探索规律，培养人才，取得了很好的效果。有些随班就读搞得好的学校在接收随班就读的特殊儿童时，教师们竟主动向校长表示希望能把随班就读的特殊儿童安排在自己的班级。因为在这些教师的眼中，随班就读课堂潜藏着更多的教学资源，包括随班就读的特殊儿童在内的全班学生在互动交流中皆能受益，这种富有挑战性的课堂教学更能促进教师对教学改革的探索，更能促进教师的专业化发展。

## 三、使全社会更加了解并理解特殊儿童

### （一）有利于儿童互助、共同进步

随班就读使普通学生和特殊儿童共同学习、密切接触，有助于培养普通学生关心、同情和帮助特殊儿童的良好思想品德。在随班就读班级，教师通常安排某个条件适宜的学生自愿与随班就读的特殊儿童结为助学伙伴，作为其克服学习困难的助力。现今社会越来越提倡志愿者对弱势群体的奉献性服务，而助学伙伴就是为随班就读的特殊儿童服务的志愿者。教师首先应该教育学生懂得人与人之间虽有差异但都是平等的，助人是高尚的，不该有功利目的；其次要强调伙伴之间应该彼此互助，追求的价值是互助的态度与量力而行的行动，而不是助人行为的平衡。

### （二）有利于提高社会文明程度

一名特殊儿童在普通学校随班就读，不仅直接接触本班的几十位同学、教他的几位老师，而且会使全校的师生都知道了什么是"随班就读"，其影响面是很大的。在校外，家中有个特殊儿童在普通学校读书，除了家长关注，街坊邻里也会知晓。近年来，报纸和电视广播节目通过公益广告、新闻图片对随班就读进行了经常性报道，而特殊儿童随班就读已经成为构建社会主义和谐社会的一个音符。在教育界，一些专家、学者也从人道主义是特殊教育的根本价值尺度、人的发展平等是特殊教育的基石等理论层面为发展特殊教育提供理论支持。特殊儿童随班就读都有明确规定。由此可见，开展随班就读有助于使全社会更加了解和理解特殊儿童这个特殊的弱势群体，有利于社会文明程度的提高。

## 四、有利于充分利用教育资源

以普通学校附设特殊教育班和随班就读为主体，以特殊教育学校为骨干，是我国发展义务教育阶段特殊教育的格局。随班就读促进了普通教育与特殊教育的资源整合。在实施随班就读的过程中，特殊教育学校具有明显的资源优势。在三十多年的随班就读过程中，许多特殊教育学校成了普通学校汲取特殊教育资源的中心，这里所谓的资源包括师资、设备、信息等方面。例如特殊教育学校派出专业教师到普通学校做巡回指导，接纳随班就读的特殊儿童定期到特殊教育学校接受检测评估或康复训练，等等。随班就读客观上使特殊教育学校的服务范围从学校本身扩大到周边区域，使办学功能得以拓展，也提高了特殊教育学校资源的使用效益。普通学校接纳了随班就读的特殊儿童后，自然也要配置一些特殊教育资源以适应教育教学的需要。这样做的结果，从整体上看有助于教育资源的合理配置和效益的发挥。随班就读不仅促进了普通、特殊教育学校资源的整合，提高了特殊教育资源的使用效益，而且可以减轻随班就读特殊儿童的家长的经济负担。

# 第八章　随班就读家校合作

## 第一节　家校合作内容

### 一、家校合作概念

我国学者马忠虎指出："家校合作实质就是联合对学生最具影响力的两个社会机构——家庭和学校的力量，对学生进行教育。在教育活动中，家庭和学校相互支持、共同努力，使学校能在教育学生方面得到更多的来自家庭方面的支持，使家长能在教育子女方面得到更多来自学校的指导。"[①]

杨俊认为，家校合作即"家庭与学校以沟通为基础，相互配合、合力育人的一种教育形式"。[②]

黄河清将家校合作定义为"家庭与学校以促进青少年全面发展为目标，家长参与学校教育，学校指导家庭教育，相互配合、互相支持的双向活动"。[③]

综上所述，在对家校合作概念的界定上，学者们普遍强调家校合作的育人目的，同时也都认为家校合作是一种双向、互动的合作。在本书

---

① 马忠虎.家校合作 [M].北京：教育科学出版社，1999：75.

② 杨俊.关于小学家校合作现状的调查研究 [J].教学与管理，2006（26）：29-31.

③ 黄河清.家校合作导论 [M].上海：华东师范大学出版社，2008：55.

中，"家校合作"取的是广义概念，主要指随班就读的特殊儿童的家庭和学校为了促进随班就读的特殊儿童的身心健康发展，而开展的一种双向互动活动，具体可以从随班就读特殊儿童的家庭和学校双方的合作意愿、合作方式、合作内容以及合作效果等维度分析随班就读特殊儿童的家庭与学校合作的状况。

## 二、家校合作理念——家校携手育幼苗

学校、家庭具有不同的教育特点和教育职责，只有有机结合，才能相互统一、相互配合，从而形成优势互补、协调发展的家校合作教育。通过家校共同努力而创建的家长学校，不但可以把家长引入学校，增强学校教育的透明度，更可以使家长通过学校获得最新的教育信息，从而更加密切地配合学校教育，大大降低学校教育与家庭教育之间的误解和摩擦的概率，最大限度地提高家校双方教育力量整合的概率与生成的效益。

通过家长学校这个平台，学校与家长努力达成家校携手共育幼苗的合作理念，以学校指导家庭，以家长带动家长，以家庭促进家庭，使家庭成为学校教育的延伸，从而达成家校合作共育幼苗的"统一战线"。

每学期开学初，学校德育领导小组就会结合学校核心工作，针对学校、班级、生源等客观因素制订切实可行的家庭教育工作计划，精心设计不同主题和内容的家庭教育活动，丰富和完善家长学校中的各项工作。实践证明，学校可以充分利用切实可行的教育载体，发挥家长学校这个桥梁的作用，让每一位家长明确家庭教育对特殊儿童的成长所起的作用和意义，这在客观上也让每一位家长更清晰地意识到只有家庭教育才能同时完成"孩子的成长和家长的成熟"的转变。

学校家长委员会是家长和学校之间实现良好合作的无形桥梁。家长委员会成员可以参与学校重大教育教学活动，引领其他家长参加家长学校的各项活动。家长委员会把家长汇聚到家长学校这个舞台，发挥他们的主体作用，使之成为家庭教育有效性实现的基础。学校则不定期地为家长和教师们开设一些辅导讲座。

贴近家庭、贴近孩子的一次次讲座，可以让家长意识到教育孩子不只是学校的责任，家庭的教育更是学校教育无法替代的，这为营造良好的家校合作的氛围提供了条件。随着家校间沟通合作次数的增多，开放

型、多样化的家校合作教育模式逐渐取代了封闭型、单一性的以学校教育为主的家庭教育指导模式。学校与家庭逐步形成教育的合作者，家长、教师甚至孩子之间形成了双向互动、默契配合、优势互补、快乐成长、共同成熟的良好格局。

### 三、家校合作实践——家校互动促成长

现在的学校教育早已不再是单纯的"围墙教育"，开放式的课堂教学、人性化的校园文化、和谐的教育交往、合作型的家校互动成为现代学校的特质。学校始终关注"家长"这个群体的变化和成长。如何把家长这个群体紧紧汇合在一起，为同一个目标奋进呢？我们利用家长学校，设计亲子活动，积极开展家校互动，吸引更多的家长参与进来，让他们拥有学习、交流、沟通、体验的机会。

随着社会的发展，家校合作成为教育发展的大趋势，可以说，谁建立了更好的家校合作模式，谁就掌握了教育的主动权。为适应时代的发展变化，我们将继续不遗余力地探索家校合作的新方法，增强对家庭教育的指导，提升家长教育素养及家庭教育水平，形成更大的教育合力，更好地落实教育目标，让特殊儿童们在家校合作的广阔天地里体验快乐、收获成功、健康成长！

# 第二节 家校合作方法

## 一、家校合作的途径

### （一）举办家庭教育讲座

讲座一般是以班级或全校学生家长为对象的全员活动。讲座的内容是有关特殊儿童教育的法律、法规，特别要加强的是有关特殊儿童教育的法律、法规，使家长了解学校接受特殊儿童随班就读是在执行有关法律规定，是在落实国家的义务教育法，要使全体家长理解搞好随班就读就是创建社会主义文明。

讲座的内容还有特殊教育需要的儿童心理、生理特点。这部分讲座

可以对同一类型的学生家长进行，主要是让他们了解特殊儿童的心理、生理特点，特殊儿童致残的原因、类型和程度，以及随班就读的特殊儿童教育的一般原则和特点。

### （二）召开家长会

全校性家长会一般每学期会举办 1～2 次。随班就读的特殊儿童的家长通过这种家长会可以全面了解学校教育教学的一般情况和对家庭教育的要求；了解学校教育教学的基本成果和发展目标；了解随班就读的特殊儿童在普通教育教学环境中可能受到的影响。学校还应会同家长委员会另行召开仅有随班就读学生家长参加的"家校联系会"。在会上，学校应向家长介绍随班就读教育教学进展的情况，发展过程中取得的成果与经验、存在的问题与困惑；展示特殊儿童的学习成果；对具有典型意义的家庭教育经验应让其在"家校联系会"上做介绍，便于别的家长借鉴；也可以就某些特殊的问题与家长单独交流，互通情况，共商对策。家长则应该向学校汇报家庭教育的措施、效果、问题与需要的帮助，并对学校随班就读教育教学，对家庭教育和社区、社会问题进行评价与探讨。

有随班就读学生的班级家长会更要开出特色。教师要通过家长会，使家长了解班内随班就读的特殊儿童的情况，并在家长会上展示班级融合教育的成果，表彰班级中的助学伙伴，要把随班就读的特殊儿童刻苦学习的事迹当作教育资源鼓舞家长，让家长感受到随班就读的班级中健康与特殊儿童的互动双赢。这样不仅有助于学生学业进步，而且可以帮助学生在学习中奉献、传递爱心。

家长会的形式可以是互动的座谈，可以是专题的汇报，可以是文艺形式的演出，也可以是作业、作品、评价结果的展示。

### （三）学校开放日

学校每学期对随班就读的特殊儿童的家长开放 1～2 次。在学校开放日，家长可以与学生一起随堂听课，使家长更直接地了解孩子在学校的表现，从而更有针对性地配合学校做好家长工作。

学校开放日不仅是让家长听听课，了解学校的活动，更重要的是为

家长参与学校的教育教学活动提供机会、搭建平台，所以要精心设计。如果家长有兴趣也有能力的话，学校应该主动与之联系，邀请他们直接为随班就读的特殊儿童们进行专题讲座，或帮助学校进行某个项目的训练；还可以就家长在学校的所见所闻请他们对教师、对学校的工作进行评价并提出意见和建议；还可以邀请家长与教师共同设计新的教育教学活动方案。学校开放日还应成为指导随班就读的特殊儿童的家长融入、了解、支持与推动学校教育教学的工作日或培训日。

### （四）家长联谊会

随班就读的特殊儿童相对集中的学校可以把其家长组织起来，成立家长联谊会，并定期开展一些专题活动。活动可以包括向家长宣传有关特殊儿童教育的法律、法规，使他们增强法律意识，知道自己的责任和义务，知道怎样依法维护自己的合法权利；给家长介绍特殊教育的知识和技能，教给家长一些缺陷补偿和矫正的方法，包括残疾的类型和原因，不同类型、不同程度特殊儿童的身心发展特点，随班就读教学的组织形式和特点，教师如何在普通班里对特殊儿童进行个别化教育，等等，使家长能学习和掌握教育辅导孩子的具体方法和手段；给家长提供各种信息资源，使之知道如何创造条件（因为在家庭中，他们使用较多的是体态语言）让特殊儿童适应社会生活，矫正其缺陷，等等。联谊活动还可以请家长介绍教育方法和教育体会，达到沟通、交流和互相学习的目的。

联谊活动不但可以使随班就读的特殊儿童家长的特殊需要获得满足，使家长自身的文化素质得到提高，还可以加深家长对随班就读工作的认识，使其能更主动地与学校合作，而且通过掌握一些特殊儿童教育的方法，有利于家长更好地支持自己孩子的成长与发展。

### （五）家庭访问

家庭访问是随班就读班级的教师与家长沟通的主要方式。在新接收一名随班就读的特殊儿童时，教师一定要做好第一次家访，和家长建立起联系。第一次家访要精心设计，要让家长感到教师的家访是代表学校的重视和关注，要让家长体会到学校对随班就读学生家长的尊重、理解和支持。在家访中，教师要详细了解学生的生活环境、以往接受教育的情

况、特殊儿童家庭康复的措施和效果等情况，为给特殊儿童制订切实可行的个别化教育计划做好准备。在以后的教学中，教师对随班就读的特殊儿童要定期进行家访，不断地听取家长的意见和建议，改进工作，不断地调整个别化教育计划。

班主任与任课教师要做到急事急访、特事专访，与家庭保持经常性的联系，同时要促使家长主动和学校保持联系，经常关心孩子在学校随班就读的情况，学校在对其孩子实施随班就读教育教学中需要家长给予的帮助、支持与配合，等等。

### （六）电话、网络、家校联系册

互通电话或者电子邮件是非常便捷的家校联系方式。学校领导与教师要建立家校联系通信录（邮箱），同时要求家长也备有学校领导、班主任、任课教师的联系电话号码（邮箱），以便随时取得联系。有条件的学校和随班就读的特殊儿童的家庭之间还可以通过建立学校和班级的网络平台进行联系。

家校联系册是一种简单易行、行之有效的家校沟通方式。教师可以通过家校联系册，将随班就读的特殊儿童在校的表现及作业要求以书面的形式告知家长；家长可以通过家校联系册与学校进行书面对话，告知随班就读的特殊儿童在家的情况，互通信息，加强联系和协作，也可以通过家校联系册对学校的教育提出署名的意见和建议。对有保存价值的家校联系册，在征得家长同意后，学校可以归入档案，妥善保存。

## 二、家校合作对策

### （一）家校双方树立主动合作意识，多开展定期合作

在家校合作过程中，如果家长、教师双方都不主动，那么合作多为偶然的不定期合作；如果双方中一方有主动合作的意识，那么定期合作将会增加；如果双方都有主动合作的意识，那么这样的合作将是常态化的定期合作。定期合作对于随班就读的特殊儿童而言至关重要，因为相比普通学生，随班就读的特殊儿童的问题的解决往往需要家校双方进行多次的沟通与合作。

从促进随班就读的特殊儿童的健康发展角度出发，家长与教师都应该树立主动合作的意识。当发现孩子出现不良行为习惯时，家长要及时告知学校，积极寻求学校、教师的帮助。教师平时也要多关心随班就读的特殊儿童，时刻留意他们在班上的表现，并做好随时与其家长沟通、合作的准备。在家校合作开展过程中，有时候期望家长主动与教师沟通是不现实的，因此在这种情况下，作为家校合作推动者的教师便要肩负起主动与家长沟通的责任。

### （二）拓宽家校合作领域

第一，学校要做好宣传工作，曾强家长参与学校教育管理的意识。学校要让随班就读的特殊儿童的家长明白参与学校教学活动与管理决策活动尽管看上去与特殊儿童的切身利益没有直接关系，但发挥家长资源在学校教学与决策管理上的作用，不仅有利于学校教学质量的提升，同时可以促进学校的民主化建设，从而为特殊儿童的发展创造一个优良的环境。

第二，学校要为家长参与学校教育管理活动提供契机。一方面，利用家长开放日、家长座谈会、家长培训等活动，鼓励家长对学校的教学活动做出评价并提出建议，同时充分利用家长资源，在生态教育、安全教育、健康教育等内容方面，可以让家长直接参与教学，另一方面，鼓励随班就读的特殊儿童的家长加入家长委员会组织，通过家长委员会这一渠道，使家长可以直接参与学校的管理决策。

### （三）充分发挥家长会、家访、家长委员会的功能

1.适当选择与随班就读的特殊儿童相关的家长会内容

在家长会上，为了调动随班就读的特殊儿童的家长参与家长会的积极性，增加其与教师的合作行为，需要教师精心准备家长会内容。在话题内容的选择上，教师要考虑对随班就读的特殊儿童的关注，多涉及一些与随班就读的特殊儿童有关的问题。比如，随班就读的特殊儿童的教育、习惯的养成以及交际能力的培养等问题，这些才是随班就读家长所关注的。另外，需要注意的是，所选的与随班就读的特殊儿童有关的内容，还应该具有针对性、实用性、可操作性的特点，因为泛泛而谈的内

容对于随班就读的特殊儿童的家长而言同样是没用的。

2.开展针对随班就读的特殊儿童的定期家访活动

家访对随班就读的特殊儿童及其家长有着重要的作用，而且家访也是拉近教师与家长之间距离的重要手段，所以教师应重视起对随班就读的特殊儿童的家访活动。

3.加强家长委员会组织的创新

为了保障随班就读的特殊儿童的家长能够利用家长委员会这一平台参与学校的教育管理活动，一方面，学校要加强对家长委员会功能的宣传工作，让随班就读的特殊儿童的家长认识到家长委员会在促进家校合作方面的积极作用，鼓励其参与到家长委员会组织中来，成为家长委员会成员，从而更好地号召其他家长组织开展与随班就读的特殊儿童有关的活动；另一方面，也可以联合学校与随班就读的特殊儿童的家长，建立属于随班就读的特殊儿童的家长自己的家长委员会组织。这种专门为随班就读的特殊儿童、家长服务的新型家长委员会组织的建立，可以调动随班就读学生、家长参与学校教育管理的积极性，提高随班就读特殊儿童的家庭与学校合作的效果。还有一点需要说明的是，这种新型家长委员会组织的建立，既离不开随班就读特殊儿童的家长的大力支持与积极参与，更需要学校的帮助，即需要学校为组织的建立、组织的发展以及组织活动的开展提供全方位的支持。

### （四）提高家长的教育素养和教师的合作能力

1.提高家长的家庭教育能力

学校可以加强对随班就读的特殊儿童的家长的培训，使他们了解随班就读的特殊儿童的心理、生理特点，从而对其子女做好家庭教育训练工作；可以借助家长会的契机，由班主任向家长提供一些教育子女的正确方法；可以通过特殊教育班的教师向家长宣传特殊儿童教育的一般知识；还可以定期召开家长座谈会，开展家庭教育经验交流活动，及时推广先进的教子经验；此外，还应加强随班就读的特殊儿童的家长间的沟通联系，通过交流，让家长可以了解彼此在管理与教育随班就读孩子方面好的方式、方法，以提升家长参与教育的能力。

2.提高教师的合作能力

学校要尽可能多地组织开展家校活动。教师合作能力的提升，除了

要掌握一定的合作技巧外，最重要的是要在实践中不断探索。考虑到教师与家长工作较忙，让所有家长参与进来的活动不好组织的现实，笔者认为可以单独举办仅供随班就读的特殊儿童的家长与教师参加的活动，因为这样的活动组织起来相对容易，所以可以经常性开展。通过多次的家校互动活动，不仅能提升教师的合作能力，而且有利于拉近家长与教师间的距离，促进良好家校合作关系的形成。

教师自身也应该采取措施，主动提升自己的合作能力，比如，可以向学校有经验的教师请教一些家校沟通方面好的方法、技巧，等等，还可以通过网络查阅一些家校合作方面的资料。

### （五）重视家校合作效果的反馈

教师方面，要发挥家校合作中教师作为推动者的作用。在每次家校合作后，教师都应该主动向家长询问合作的效果，以便采取适当措施，促进家校合作目的尽快达成。

家长方面，要理解教师，积极配合学校工作，对于合作的效果要及时且真实地反映给教师。

学校方面，要建立家校合作的反馈机制，利用各种会议、问卷调查、电话访谈等方式，定期收集家长对学校教育教学的意见、建议，等等。

## 三、家校合作中教师的沟通策略

### （一）以诚相待，有效沟通

教师要有诚恳、坦白、博爱、关怀、耐心的态度。遇到家长有相反意见和不合作时，教师不要太激动或勉强家长接受，更不能对家长的某些态度耿耿于怀，一定要以耐心和真诚来感动家长，以寻求恰当的合作。

只有加强教师和家长的相互配合、相互依靠、相互交流，教师才能感受到尊重，感知家长的期待、愿望，并进一步增强责任感；同时，家长也会体会到自己的尊严和作用以及教师的作用与地位，从而更加关心、支持乃至最大限度地配合教师的工作，这对孤独症儿童的康复尤其重要。

## （二）设身处地，感同身受

教师不要过分偏重于特殊儿童的情绪而忽略家长的感受，一定要体谅家长的难处和内心所承受的压力，更不能对家长要求太高，要将心比心、设身处地地进行换位思考。

## （三）积极接触，主动联系

教师应采取积极的态度，全方位接触家长，尽量对家长予以帮助，经常与家长保持联系，不能仅仅在特殊儿童有问题时才与家长联络，一定要主动增加与家长交流和互通信息的机会，甚至在可能的情况下与家长举办一些联谊性质的活动，以促进双方的进一步了解，从而建立良好的合作关系。

## （四）手段多样，形式新颖

教师通过与家长交接孩子、约谈家长、召开家长会、填写学校联系册等形式和手段，让家长充分了解教育教学目标、要求和方法，家长也将孩子在家中的表现、进步情况、教育训练建议和要求等及时向教师反映，这样才能够相互沟通并相互统一教育训练的原则、方法，从而充分发挥教师的主导作用，发挥家庭与学校、家长与教师的合作教育作用，使学校教育和家庭教育密切配合。

# 第三节　家校合作意义

## 一、家校合作教育的功能

### （一）家校合力共促儿童发展

家校合作有利于家长和教师在教育训练原则、方法和手段等方面以沟通为基础，相互配合，使特殊儿童受到来自两方面的协调一致、各显特色、相辅相成的教育影响力，有助于发挥最大的教育功能，促进特殊儿童的成长与发展，可以起到事半功倍的效果。

### （二）教育资源优势互补

家校合作可以最大限度地优化教育环境，因为家长的职业、兴趣、知识、阅历、技能和方法都各不相同，尤其是有的家长参加过各种各样的教育训练方法培训，掌握了大量实用的训练方法，可以有效弥补学校教育资源的不足。

### （三）家校合作有助于学生实践能力的迁移

家校合作可以使家长和教师之间取长补短。教师在学校大多数时间要从课本以及模拟的情景中进行知识传授、能力培养，尤其是新教师对问题行为的处理大多停留在书本理论上。家长则是在实际生活中，结合每个生活层面去观察孩子的行为，在生活实际中引导孩子学习知识、技能并在更大范围的社会活动中去实践、应用。家长对孩子的生活习惯、生活能力、学习成长状态、情绪、行为等非常了解，可以真实、准确地提供孩子的资料，不仅能极大地弥补学校教育的不足，而且能为制订训练计划、实施切实可行的训练带来极大的方便。良好的合作可以共同促进特殊儿童的发展。

### （四）理解互谅，促进家长成长

家长和教师的合作，特别是家长利用某些亲身体验向其他家长解释学校以及班级教育教学管理及教师的实际情况，有利于共同进步、共同提高，还可以消除家长对学校、对教师的误解或成见。

## 二、家校合作的目的和意义

父母是儿童的启蒙教师，他们对儿童的客观认识、正确指导、科学教育直接关系到儿童的意志品质、行为习惯、身心健康，他们潜移默化的影响可以为儿童的成长与发展奠定基础。学生入学后，家庭教育是学校教育的延续，家长的配合会给学校教育以坚强的支持。实践证明，学校与随班就读的特殊儿童的家长加强沟通，经常交流思想，共同探讨教育方法，能促进相互间的了解与支持，使学校教育与家庭教育目标一致、步调一致，拧成一股绳，形成一股劲儿，会使随班就读的教育教学工作取得更好的效果，可以极大地促进特殊儿童的健康成长。

特殊儿童进入普通学校就读，使得学校与家长的沟通与合作更有其特殊的意义。一方面，通过家校的沟通与合作，教师可以从家长那里了解特殊儿童的自然状况，如残疾情况、社会适应能力的水平、家庭教育的成功经验，等等，这对随班就读教师为特殊儿童制订个别化教育计划、进行潜能开发、缺陷补偿等的针对性教育都十分有益。另一方面，家长可以依据个别化教育计划，配合学校开展教育，辅导孩子的学习（包括指导预习、复习、辅导、检查作业等），指导孩子进行家庭康复训练，培养孩子养成良好的生活习惯和劳动习惯，培养孩子的兴趣、特长，矫正孩子的不良行为，等等，使学校教育的成果得以巩固、延伸。

随班就读教师与家长合作还可以更好地发挥教师的专业指导作用。面对随班就读的特殊儿童的家长表现出的不同心态，教师要从学校教育的专业角度出发，给予足够的理解和尊重，设身处地地为他们考虑，有针对性地做一些心理疏导，使家长放下包袱、正视现实，同时教给他们一些行之有效的教育方法，使他们在随班就读教育过程中感受孩子的成长与进步，获得成就感，和学校教育形成合力，共同完成教育随班就读的特殊儿童的任务。和家长的合作与沟通还可以充分发挥家长的作用，从家长那里汲取宝贵经验。在沟通与交往中，大部分的家长都能配合学校，开展相应的教育、辅导，有的还在长期的教育中积累了教育特殊儿童、对其进行康复训练的经验，成为特殊儿童教育的专家。家长是教师、学校的宝贵资源，因此发挥他们的积极性，可以增强所有随班就读家长的教育信心。

# 参考文献

[1] 郝德元，郝天慈.特殊教育 [M].北京：首都师范大学出版社，2010.

[2] 朴永馨.特殊教育 [M].长春：吉林教育出版社，2000.

[3] 朴永馨.特殊教育学 [M].福州：福建教育出版社，2014.

[4] 刘全礼.中国特殊教育发展报告（2016 年）[M].南京：南京师范大学出版社，
2018.

[5] 广州市教育研究院.中国特殊教育的广州模式 [M].广州：华南理工大学出
版社，2019.

[6] 高宏，蒋丰祥.国外特殊教育对中国特殊教育学校建设的启示 [M].北京：
中国轻工业出版社，2017.

[7] 张文京.特殊教育班级管理与建设 [M].重庆：重庆大学出版社，2017.

[8] 黄培森.中国特殊教育史略 [M].成都：西南交通大学出版社，2015.

[9] 马建强.中国特殊教育史话 [M].北京：新华出版社，2015.

[10] 邵静霞，于昆鹏.特殊教育学校课堂教学有效策略研究 [M].合肥：安徽大
学出版社，2019.

[11] 蒋勤楠.江阴市特殊教育中心校校志 [M].北京：方志出版社，2019.

[12] 张文京.特殊教育探新：教育康复整合课程和专业建设 [M].重庆：重庆大
学出版社，2018.

[13] 格林伯格，米勒.特殊教育系列丛书——儿童早期融合教育实用指导 [M].
苏雪云，吴择效，译.上海：上海人民出版社，2018.

[14] 李小雨，赵瑜，刘恬 . 儿童社会与特殊教育：第 4 册 [M]. 北京：中央编译出版社，2018.

[15] 于慧珠 . 特殊教育学校学生职业生涯规划指导 [M]. 长春：吉林人民出版社，2017.

[16] 张文京 . 特殊教育课程理论与实践 [M]. 重庆：重庆出版社，2014.

[17] 雪湘名 . 岭园默耕录——特殊教育札记 [M]. 武汉：华中师范大学出版社，2017.

[18] 梁纪恒 . 新时期特殊教育学校校园文化建设与研究 [M]. 北京：中国轻工业出版社，2016.

[19] 甘昭良，尤志添 . 闽台特殊教育 [M]. 厦门：厦门大学出版社，2012.

[20] 朴永馨，顾定倩，邓猛副 . 特殊教育辞典：第 3 版 [M]. 北京：华夏出版社，2014.

[21] 夏峰，沈立 . 特殊教育的变革与创新 [M]. 北京：人民教育出版社，2014.

[22] 史玉凤，宋春秋 . 行业手语 [M]. 南京：南京师范大学出版社，2018.

[23] 刘全礼 . 中国特殊教育发展报告（2014 年）[M]. 北京：中国轻工业出版社，2016.

[24] 刘全礼 . 特殊教育专业概论——我国特殊教育教师职前培养的问题与对策研究 [M]. 北京：中国轻工业出版社，2016.

[25] 王红霞，王秀琴 . 教学相长：特殊教育需要学生与教师的故事 [M]. 北京：华夏出版社，2017.

[26] 张翼 . 基于特殊儿童障碍特征的我国特殊教育学校建筑设计研究 [D]. 广州：华南理工大学，2017.

[27] 郑晓坤 . 中国特殊教育师资培养研究（1978—2016）[D]. 长春：东北师范大学，2017.

[28] 赵红 . 融合教育背景下幼儿园教师对特殊儿童态度的研究 [D]. 桂林：广西师范大学，2017.

[29] 王鑫 . 特殊教育教师职业认同、职业幸福感与工作投入的关系研究 [D]. 重庆：西南大学，2017.

[30] 桑国强 . 专业化视域下我国特殊体育教师教育研究 [D]. 福州：福建师范大学，2016.

[31] 崔志月.幼儿园教师融合教育素养的研究[D].武汉:华中师范大学,2016.

[32] 陈霞.特殊教育教师工作满意度调查[D].昆明:云南大学,2015.

[33] 李拉.对新中国特殊师范教育制度建设的考察[D].南京:南京师范大学,2015.

[34] 宋强.我国特殊教育体育教师专业化发展研究[D].大连:辽宁师范大学,2014.

[35] 万慧颖.学前特殊儿童教育补偿研究[D].长春:东北师范大学,2014.

[36] 徐帅.特殊教育教师专业发展和培训需求的关系研究[D].重庆:西南大学,2014.

[37] 马宇.我国残疾人高等融合教育支持体系研究[D].南京:南京师范大学,2014.

[38] 杨运强.梦想的陨落:特殊学校聋生教育需求研究[D].上海:华东师范大学,2013.

[39] 金琦.特殊教育教师职业认同、心理资本及工作投入的关系[D].济南:济南大学,2017.

[40] 鲁明辉.特殊学校教师教学效能感及其相关因素研究[D].上海:华东师范大学,2017.

[41] 黎梅娇.特殊教育教师职业认同与工作绩效的关系研究[D].桂林:广西师范大学,2016.

[42] 姚春晖.自闭症儿童康复的社会工作干预[D].苏州:苏州大学,2016.

[43] 李路.融合教育视角下学前特殊儿童受教育状况的调查研究[D].桂林:广西师范大学,2015.

[44] 李妍伶.成都市随班就读学校资源教室方案建设和运作现状与发展对策研究[D].成都:四川师范大学,2015.

[45] 王妮娜.河南省特殊教育学校职业教育存在的问题及对策研究[D].新乡:河南师范大学,2014.

[46] 李佳颖.改革开放以来我国特殊教育政策的变迁与发展研究[D].沈阳:沈阳师范大学,2012.